中学生から知りたいパレスチナのこと

岡真理
小山哲
藤原辰史

ミシマ社

『中学生から知りたいパレスチナのこと』と題した本書は、二〇二四年二月十三日に京都大学で開催された「人文学の死――ガザのジェノサイドと近代五百年のヨーロッパの植民地主義」（第Ⅰ部）、二月二十八日のオンライン講座MSLive!「中学生から知りたいウクライナのこと――侵攻から二年が経って」（第Ⅱ部）、その後（四月十日）非公開でおこなった鼎談「『本当の意味での世界史』を学ぶために」（第Ⅲ部）を収録しています。三回を通して、アラブ、ポーランド、ドイツ、それぞれ違う地域を専門とする三人が共通して抱いていた危機感は、西洋を中心とする「歴史の捉え方」に対するものです。むろんそれは、日本史、世界史と二区分することを当然としてしまっている日本の「歴史」の現状と無関係ではありません。その意味で、これからを担う中学生から「世界史」の捉え方をアップデートしてもらいたい、と強く思い、本タイトルに至りました。簡単な内容ではないかもしれませんが、じっくり向き合っていただければと希望します。

――編集部より

はじめに

パレスチナ問題には、世界の――とりわけ近代ヨーロッパの五百年の歴史の――諸矛盾が凝縮《ぎょうしゅく》されています。

第二次世界大戦後のヨーロッパでは、ナチス・ドイツによるジェノサイドを生き延びたユダヤ人二五万人が、行く当てなく難民となっていました。このユダヤ人難民問題解決のため、国連総会は一九四七年十一月、パレスチナを分割し、そこに「ユダヤ国家」をつくることを決議します。総会に先立ってこの分割案を検討したアドホック委員会が、パレスチナ人住民の大多数の意思を無視した、違法で、政治的に不正な、実現不可能な案だと断じたその案が、総会にかけられ、賛成多数で可決されてしまったのです。

分割決議の直後から、「ユダヤ国家」建設を企図《きと》するシオニストにより、パレスチナの民族浄化がはじまります。占領、集団虐殺《ぎゃくさつ》、レイプ、強制追放……。その結果、パレスチナ人七五万人が故郷を追われ難民となりました。国連は二五万人のユダヤ人難民問題を解決しようとして、七五万人のパレスチナ人を難民にしてしまったのです。こうしてパレスチナ人を民族浄化した土地に「ユダヤ国家」を掲《かか》げるイスラエルが建国されました。世界は、ナチス・ドイツによるユダヤ人のジェノサイドという犯罪の尻拭《ぬぐ》いを、それとはなんの関係もないパレスチナ人に代償を支払わせることで図《はか》ったのでした。国連は、以後七十六年経っても解決しない紛争の種を自ら蒔《ま》き、その不正は今や、ガザにおけるジェノサイドという事態に至っています。

イスラエルによるガザのジェノサイドは、世界注視のなか八カ月が過ぎてなおつづいています。二三〇万の住民のうち二〇〇万人が家を追われ、住宅の六割が破壊されました。死者は三万七〇〇〇人超。人為的につくり出された飢餓《きが》で住民の半分が壊滅的飢餓に瀕《ひん》し、体力のない病人や老人、乳幼児が、飢えや渇《かわ》きや暑熱や感染症で次々に亡くなっています。二〇〇七年以来封鎖がつづくガザは「世界最大の野外監獄《かんごく》」と呼ばれてきましたが、今や絶滅収容所にほかなりません。

人間が大量に殺されているだけではありません。ガザの歴史は紀元前二〇〇〇年までさかのぼります。ユーゴ内戦で民族共生の歴史を証言する図書館がまっさきに攻撃されて破壊されたように、地中海世界で人類の諸文明の歴史を重層的に紡《つむ》いできたガザの、その歴史の記録や記憶の場――歴史的なモスクや教会、博物館、図書館、文化センター、その他もろもろ――が狙われ、瓦礫《がれき》にされています。ガザを歴史的真空地帯にすることで、そこに生きてきた者たちから、自分たちがその土地、その歴史に根差す「パレスチナ人」であるという歴史性、政治的主体性を剝奪《はくだつ》することが目的です。「パレスチナ人」という歴史的・政治的存在そのものを地上から消し去ろうとしているのです。

これが今、ガザで起きていることです。

この間、これまで私たちの目から隠されていたさまざまなことがあらわになりました。アメリカ、ドイツ、フランス、イギリスなど、自由と民主主義を掲げ、ロシアや中国の侵略や人権侵害を声高に非難する国々が、自国において、イスラエルによるジェノサイドを批判し、その民族浄化や占領やアパルトヘイトの廃絶を求める市民や学生を、「反ユダヤ主義」だとして弾圧しています。

とりわけドイツはこれまで、自国の加害の歴史を反省する国として、日本がモデルにすべき存在とみなされていました。しかし、今回の事態が明らかにしたのは、ドイツが反省したのはユダヤ人に対するジェノサイドであって、反ユダヤ主義の根底にあるレイシズムや植民地主義の歴史そのものが反省されたわけではないという事実です。むしろドイツでは、ユダヤ人のジェノサイドは人類未曽有《みぞう》の犯罪と位置付けられて絶対化され、特権化され、西ドイツ、そして統一後のドイツは、その人類未曽有の犯罪に対する反省の証として、犠牲者であるユダヤ人の祖国と称するイスラエルを支援し擁護《ようご》しつづけることで、ナチスによるユダヤ人のジェノサイドのもうひとつの犠牲者であるパレスチナ人に対してこの間ずっと、さらなる犠牲を強いてきたのでした。

ユダヤ人のジェノサイドという出来事についても、私たちの認識は一面的です。ホロコーストは一般的に、アウシュヴィッツ＝ビルケナウに代表される絶滅収容所におけるベルトコンベヤ式のシステマティックな殺害というイメージがもたれています。しかし、イスラエル出身の歴史家のオメル・バルトフによる東欧研究は、そうした理解がホロコーストという出来事の片面にすぎないことを明らかにしています（Omer Bartov, "Genocide, the Holocaust and Israel-Palestine"。日本語版は橋本伸也訳『ホロコーストとジェノサイド――ガリツィアの記憶からパレスチナの語りへ』岩波書店、二〇二四年十二月出版予定）。本書第Ⅲ部の鼎談《ていだん》で触れるように、それまで数世紀にわたりさまざまな民族がともに暮らすのが常態であった東欧地域において生起した、排他的で自民族中心的なエスノナショナリズムと民族浄化の暴力のなかで、シオニズムは生まれました。日本ではつとに鶴見太郎さんが専門的にご研究されていることですが（鶴見太郎『ロシア・シオニズムの想像力』『イスラエルの起源』ほか）、バルトフの著書からわかるのは、東欧地域におけるユダヤ人の民族浄化とシオニストによるパレスチナの民族浄化は、歴史の地脈《ちみやく》でつながっているということです。

本書では、こうした問題意識から、中東欧史を専門とする小山哲《さとし》さん、ドイツ史を専門とする藤原辰史さんとともに、今パレスチナで起きているジェノサイドの暴力について考えていきます。

ガザ、そしてパレスチナをめぐる問題は、ユダヤ人のジェノサイドが宗教対立でないのと同じように宗教対立の問題でもなければ、ヴェトナムやアイルランド、アルジェリアの独立の問題が単なる土地争いでないのと同様、土地をめぐる争いでもありません。私たちの歴史的無知や忘却につけこんで、ガザのジェノサイド、そしてパレスチナの民族浄化を、宗教対立や土地争い、あるいは「イスラームのテロ組織」対イスラエルの「自衛」の戦争に還元しようとする言説に抗して、私たちは問題の根源をしっかりと見据《みす》えなければいけない。そのために私たちが今、必要としているのは、私たちの知をかたちづくってきた西洋中心主義的で、かつ地域ごとに分断された歴史に代わる新しい世界史、近代五百年の歴史を通してグローバルに形成された「歴史の地脈」によって、私たちが生きるこの現代世界を理解するための「グローバル・ヒストリー」であるということです。

本書はそのためのささやかな第一歩です。

二〇二四年六月十五日

岡真理

目次

パレスチナの歴史	
1882年	ロシア帝国下の東欧地域におけるポグロムのため、ロシア・東欧のユダヤ人のパレスチナへの移民（第1次アリヤー）がはじまる
1896年	テオドール・ヘルツル『ユダヤ人国家』を著す
1914年	第1次世界大戦勃発
1917年	バルフォア宣言（イギリス）、パレスチナにユダヤ人の民族的郷土建設を承認
1920年	第1次世界大戦戦勝国によるサン・レモ会議開催、イギリスのパレスチナ委任統治を決定
1933年	ドイツでナチス政権誕生
1939年	第2次世界大戦勃発。ナチスによるホロコーストが起きる
1945年	第2次世界大戦終結
1947年	11月、国連総会で「パレスチナ分割案」を採択。パレスチナでシオニストによる民族浄化がはじまる
1948年	**「ナクバ（大破局）」**。民族浄化によりパレスチナ人2万人が殺され、75万人以上が土地を追われ難民化、500以上の村々が破壊される
	5月、イギリスによる委任統治終了、イスラエル建国宣言
	第1次中東戦争
	12月、国連総会でパレスチナ難民の即時帰還の権利を確認
1956年	10月、第2次中東戦争
1964年	PLO（パレスチナ解放機構）設立
1967年	6月、第3次中東戦争。イスラエルは、東エルサレムを含むヨルダン川西岸地区、ガザ地区、シナイ半島、ゴラン高原を占領。国連安保理はイスラエルに撤退を求める決議採択
1973年	10月、第4次中東戦争
1980年	イスラエル、東エルサレムを併合し、首都化を宣言
1982年	イスラエルがレバノンに侵攻、ベイルートを占領。サブラー・シャティーラの両パレスチナ難民キャンプで集団虐殺

1987年	第1次インティファーダ(パレスチナ民衆蜂起)はじまる
	民族解放組織「イスラーム抵抗運動」(ハマス)誕生
1991年	湾岸戦争
1993年	オスロ合意。パレスチナの暫定自治開始
2000年	第2次インティファーダはじまる
2001年	9・11アメリカ同時多発テロ事件。アメリカ軍などによるアフガニスタン侵攻はじまる
2003年	アメリカ軍などによるイラク侵攻はじまる
2006年	パレスチナ立法評議会選挙でハマスが勝利
2007年	ハマスが統一政府をつくるもアメリカが不承認、クーデターを画策
	ガザ内戦でハマスが勝利し、パレスチナは西岸地区(ファタハ政権)、ガザ地区(ハマス政権)の二重政権に
	イスラエル、ガザを完全封鎖
2008年	12月、イスラエル、ガザを攻撃(22日間)
2012年	11月、イスラエル、ガザを攻撃(8日間)
2014年	ハマスとファタハ、暫定統一政府発足に合意
	7月、イスラエル、ガザを攻撃(51日間戦争)
2017年	トランプ米大統領、米大使館をテルアビブからエルサレムへ移転表明
2018年	ガザで「帰還の大行進」はじまる
2021年	5月、イスラエル、ガザを攻撃(15日間)
2022年	5月、イスラエル、ガザを攻撃(3日間)
2023年	10月7日、ハマス主導の越境奇襲攻撃を契機にイスラエルによるガザ地区への大規模攻撃がはじまる

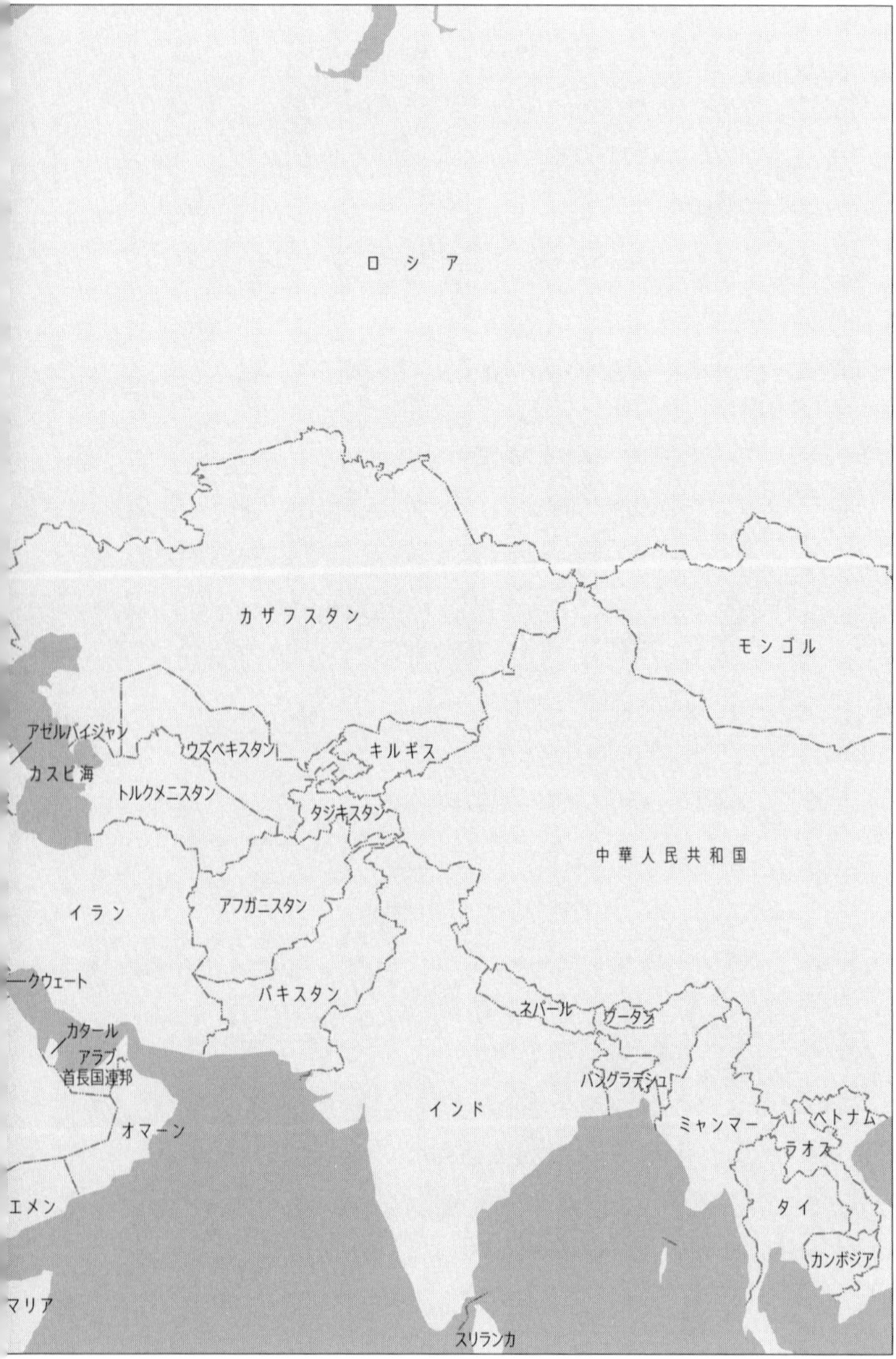
ロ シ ア
カザフスタン
モンゴル
アゼルバイジャン
カスピ海
ウズベキスタン
キルギス
トルクメニスタン
タジキスタン
中華人民共和国
イラン
アフガニスタン
クウェート
パキスタン
ネパール
ブータン
カタール
アラブ
首長国連邦
バングラデシュ
インド
オマーン
ミャンマー
ベトナム
ラオス
エメン
タイ
カンボジア
マリア
スリランカ

スウェーデン
フィンランド
ノルウェー
バルト海
エストニア
ラトビア
デンマーク
リトアニア
イギリス
アイルランド
オランダ
ベラルーシ
ポーランド
ドイツ
ベルギー
チェコ
ウクライナ
ルクセンブルク
スロバキア
モルドバ
オーストリア
スイス
ハンガリー
フランス
ルーマニア
クロアチア
スロベニア
セルビア
コソボ
ボスニア・ヘルツェゴビナ
黒海
ブルガリア
イタリア
ジョージ
ポルトガル
スペイン
モンテネグロ
北マケドニア
アルメニア
アルバニア
ギリシャ
エーゲ海
トルコ
チュニジア
地中海
キプロス
シリア
レバノン
モロッコ
パレスチナ／イスラエル
ヨルダン
リビア
アルジェリア
西サハラ
エジプト
サウジアラビア
モーリタニア
マリ
ニジェール
チャド
スーダン
エリトリア
セネガル
ブルキナファソ
ジブチ
ギニア
シエラレオネ
リベリア
コート
ジボワール
ガーナ
トーゴ
ベナン
ナイジェリア
カメルーン
中央アフリカ共和国
南スーダン
エチオピア

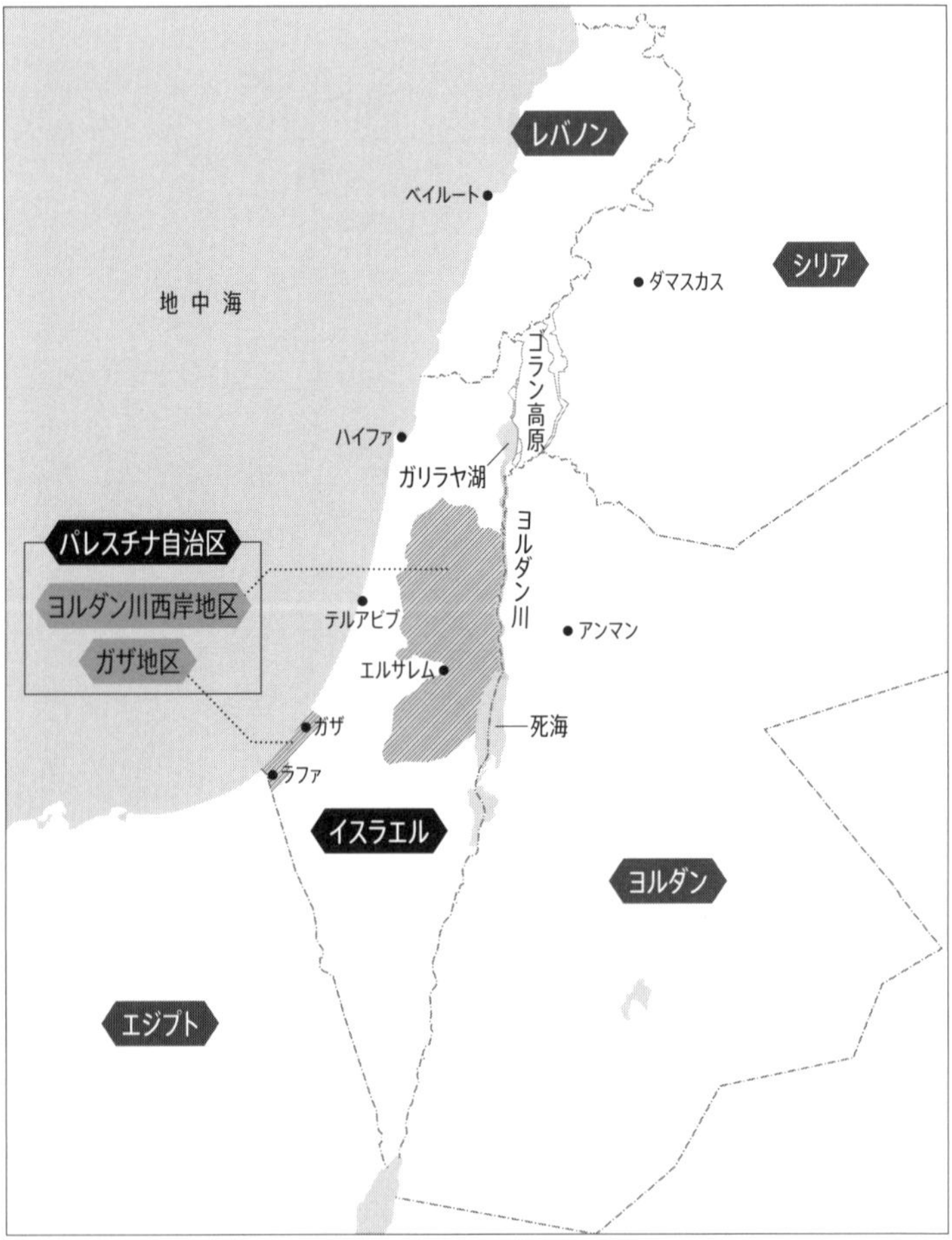

レバノン
ベイルート
シリア
ダマスカス
地 中 海
ゴラン高原
ハイファ
ガリラヤ湖
ヨルダン川
パレスチナ自治区
ヨルダン川西岸地区
ガザ地区
テルアビブ
アンマン
エルサレム
死海
ガザ
ラファ
イスラエル
ヨルダン
エジプト

I

私たちの問題としてのパレスチナ問題

第Ⅰ部は、二〇二四年二月十三日に京都大学で開催された公開セミナー「人文学の死——ガザのジェノサイドと近代五百年のヨーロッパの植民地主義」における、岡真理、藤原辰史の講演を再構成したものです。

ヨーロッパ問題としてのパレスチナ問題
——ガザのジェノサイドと近代五百年の植民地主義　岡真理

「ユダヤ人のパレスチナ追放による離散」は史実にない

本セミナーは、今なおガザで生起している、イスラエルによるガザのジェノサイドという出来事を、その暴力の根源にさかのぼって、私たちが理解することを企図しています。

二〇二三年十月七日、ガザ地区のパレスチナ人戦闘員がイスラエル領内に越境奇襲攻撃をおこない、その直後からイスラエルによるガザに対するすさまじい攻撃がはじまりました。ガザ地区のことを日本のマスメディアは「イスラーム組織ハマスが実効支配するガザ地区」と説明しますが、ガザ地区は、一九六七年以来、イスラエルの占領下にあり、二〇〇七年からは十六年以上にわたってイスラエルによる封鎖の下に置かれています。ガザに対するイスラエルの攻撃は、開始から一週間経つか経たないかの時点で、ジェノサイド研究の専門家が「教科書に載せるような」典型的なジェノサイドだと断じ、第二次世界大戦後、カンボジアのキリングフィールドをはじめ、数々のジェノサイドを体験してきた国連の専門家も「前代未聞」と形容する異次元の攻撃です。しかし、日本の主流メディア、企業メディアの報道は、パレスチナ系アメリカ人の文学研究者エドワード・サイードが批判する「カバリング・イスラーム」（中東やイスラーム世界で起きる出来事を「報道《カバー》することを通じて、むしろ積極的にその内実や本質を覆い隠《カバー》してしまう」こと）を文字どおり体現したものとなっています（注1）。

典型的なのは、問題の歴史性を消し去って、「憎しみの連鎖」とか「暴力の連鎖」という言葉に還元してしまうことです。このような語りは、問題の根源にある、イスラエルによる暴力の歴史的起源を問わないで済ませるための詐術《さじゅつ》です。また「イスラエルとパレスチナ紛争には複雑な、非常に入り組んだ歴史がある」といってお茶を濁《にご》すことも、同じく問題の歴史的背景を語らないための方便です。

イスラエルがホロコーストの犠牲者であるユダヤ人の国であるということも、イスラエル国家においてホロコーストという出来事の記憶がこれまでどのように政治的に利用されてきたか、という問題について無知なまま、イスラエルが主張するがままに流布され、あまつさえ二千年前にさかのぼって、「ユダヤ人のパレスチナ追放による離散《りさん》」を紛争の歴史的前提として説明するような報道がなされています。

イスラエルのユダヤ人の歴史家、シュロモー・サンドは著書『ユダヤ人の起源』（注2）において、対ローマ反乱で敗北したユダヤ人がエルサレム入城を禁じられたにしても、パレスチナからユダヤ人が追放されて世界に離散したという史実は存在しないこと、また、紀元前からユダヤ人の共同体がパレスチナの外に存在したこと、さらに、ユダヤ人がパレスチナをはるか離れて各地に存在しているのは、現地住民が改宗した結果によるものであると論じています。

ウィキペディアにすら、四世紀までパレスチナ住民のマジョリティー（多数派）はユダヤ教徒であった、と載っています（注3）。ローマ帝国がキリスト教を国教とし、キリスト教への改宗者が増え、キリスト教徒が多数派となり、さらに七世紀にアラブ・イスラームに征服されたあと、ユダヤ教徒やキリスト教徒のイスラームへの改宗が進み、十世紀を過ぎたあたりから、ようやくムスリムが多数を占めるようになります。歴史を通じてパレスチナにはユダヤ教徒がずっと存在していたのです。十字軍に支配された一時期、エルサレムへの入城は禁じられましたが、パレスチナからユダヤ教徒の住民すべてが追放されて、世界に離散したなどという事実はありません。

今の日本人の多くが、仏教徒であろうがキリスト教徒であろうが、ムスリムであろうが、二千年前にこの列島に居住していた縄文人の、またその後朝鮮半島からやってきた渡来人の末裔《まつえい》であるように、パレスチナ人は二千年前、パレスチナの地にいたユダヤ人の末裔です。まず、そのことを確認しておきたいと思います。

ジェノサイドが終わるだけでは不十分

今、ガザで生起していることは、ジェノサイドにほかなりません。攻撃開始から一二九日目の現在（二〇二四年二月十三日）、イスラエルの攻撃によるパレスチナ人の死者は、二万八三四〇人を超えています。これは遺体が確認されている人たちです。行方不明者、すなわち遺体がまだ瓦礫の下にある人たちが約八〇〇〇人います。実質的な死者は三万五〇〇〇人を超えています。負傷者は六万七九八四人。これら死傷者の四〇%が、十四歳以下の子どもたちです。

二三〇万人いるガザ地区住民の八〇％にあたる一九〇万人が家を追われました。北部を追われ、さらに中部を追われた避難民たちが今、エジプト国境の街ラファに追い詰められ、飢餓や感染症で命を落としています。これらの、いわば「攻撃関連死」による死者たちは、さきほどの死者数には含まれていません。ガザの住宅の六〇％が完全に瓦礫にされてしまったか損壊し、現段階で六〇万人がもはや帰る家がありません。

今、ガザで起きていること、それは人間存在をめぐって私たちが培《つちか》ってきたあらゆる普遍的価値観を否定するものです。それを蹂躙《じゅうりん》するものです。このジェノサイドを私たちは一刻も早くやめさせなければならない。そのために声を上げなければならない。

しかし、問題は、ジェノサイドそのものではありません。問題の本質は、ジェノサイドにあるのではありません。

今、日本の各地で「今こそ停戦を」「ジェノサイドをやめろ」と呼びかけるデモがおこなわれています。ここ京都でも、毎週土曜午後三時から市役所前に集まって仏光寺公園までデモをおこなっています。都道府県や市町村議会で即時停戦を求める決議がなされ、さまざまな団体が即時停戦のため日本政府に対して「憲法前文の理念に則り、積極的な措置をとれ」と求める声明を発表しています。

毎日、百数十人から二〇〇人近いパレスチナ人がガザで殺されています。十分に一人、子どもが殺されているとも言われています。一日も早く、いえ、一刻も早く、このジェノサイドをやめさせなければいけない。それは事実です。即時停戦を求め、声を上げている方のなかには、「ハマスのテロは許されないけれど、それにしてもイスラエルの行為はあまりに過剰だ」「ことの発端はどうあれ、こんなことはすぐに止めなければならない」という思いで参加されている方も多いのではないかと思います。一刻も早く止めるために、理由はどうあれ即時停戦を求める声を今、糾合《きゅうごう》していかなければなりません。

しかし、このジェノサイド攻撃が終わったとしても、問題の根源が解決されないかぎり、パレスチナの地に平和は訪れません。即時停戦、ジェノサイドをやめろと叫びながら、私たちは何を願っているのでしょうか。何を実現しようとしているのでしょうか。

彼の地で起きているジェノサイドが終わりさえすればよいのでしょうか？　そうではないはずです。私たちが願い、そのために今、できるかぎりのことをしたいと思っているのは、パレスチナが平和になることのはずです。

「平和」とはなんでしょうか？　軍事的な攻撃さえなければ、平和なのでしょうか？　本当の平和とは、パレスチナの地に暮らす人びとが自分の人生と自分たちのあり方を自ら決定し、人間らしく、自由に、平等に、尊厳をもって生きることができるようになることではないでしょうか。

そうであれば、たんにジェノサイドが終わるだけでは不十分です。私たちは、パレスチナ人から自由と尊厳を奪っている問題の根源にこそ、目を向けなければなりません。

ハマスの攻撃は脱植民地化を求める抵抗

では、現在起きている暴力の起源、問題の本質とは何か。それを考えるにあたってふまえておかなければならない基本的なポイントとして、まず、イスラエル国家は、入植者による植民地主義の侵略によって、先住民を民族浄化（特定の民族集団を武力を用いて追放、迫害、虐殺によって排除すること）して建国されたという歴史的事実があります。イスラエルは、アメリカやカナダ、オーストラリア、ニュージーランド、あるいは南アフリカの白人国家と同じ成り立ちの国家であるということです。

そして現在、イスラエルは自身が支配する全領域――一九四八年に占領し、現在イスラエルと呼ばれている地域と、一九六七年に軍事占領した東エルサレムを含むヨルダン川西岸地区およびガザ地区――において、ユダヤ人至上主義のアパルトヘイト体制（異なる人種・民族集団を法的に分離することで、別の人種・民族集団がより多くの政治的権利や特権を享受する差別的制度）を敷いているという事実（注4）。それゆえ、今起きていることは、脱植民地化のための「植民地戦争」であるという事実です。二〇二三年十月七日に起こったハマス主導のガザのパレスチナ人戦闘員によるイスラエル攻撃は、占領された祖国の脱植民地化を求める者たちの抵抗として歴史的に位置づけられるということです。

パレスチナ系アメリカ人の歴史学者ラシード・ハーリディー（コロンビア大学教授）は、十月七日直後の講演会においてふたつのことを強調しました。

ひとつは、歴史的には、アルジェリアやアイルランド、ヴェトナムの民族解放闘争など、脱植民地化の闘いにおいて解放勢力の側も暴力を行使してきたということ。

もうひとつは、この脱植民地化戦争においては、戦闘が実際におこなわれている戦場だけでなく、世界のメトロポール（大都市）もまた、情報戦という闘いの「戦場」であるということ。それを熟知しているイスラエル政府は、十月七日の「ハマスの攻撃」について、パレスチナ人戦闘員たちがやってもいないことをでっち上げて世界に向けて喧伝《けんでん》しました（注5）。十月七日の奇襲に関して、パレスチナの戦闘員たちは軍事的には勝利したかもしれませんが、世界の大都市を舞台にして展開されたこの「情報戦」においては、イスラエル政府の発表が、検証されていないにもかかわらず、事実であるかのごとく世界的に共有され、その後の議論も「ハマスによる残忍なテロ云々《うんぬん》」を前提にしなければ次に進めないという言論状況が生まれてしまいました。

ガザのジェノサイド（大量殺戮《さつりく》）、ドミサイド（住宅の大量破壊）というかたちで今、現象している暴力を、私たちが正しく適切に理解する――つまり問題を根源的に解決する〝解〟を導き出す――ためには、以下のことをしっかりと理解しなければなりません。

まず、今、ガザで起きていることは、入植者植民地主義によって建国され、ユダヤ人至上主義体制を維持するためにアパルトヘイトを敷いている国家に対して、民族浄化され、アパルトヘイトの体制下で抑圧される先住民が、解放を求めて抵抗している脱植民地化の闘いであるということ（したがって、十月七日のハマスによる攻撃は、歴史的には、ヴェトナム戦争におけるテト攻勢と類比されるべきものです）。そして、イスラエルがガザのパレスチナ人に対して行使している暴力は、このあとお話しするように日本も含め、世界の植民地主義国家がその植民地支配の過程において、自由や独立を求める被植民者の抵抗に対して歴史的に行使してきた殲滅《せんめつ》の暴力であるということ。

また、ガザに対するジェノサイドと並行して、ヨルダン川西岸地区に対しても今、第二次インティファーダ（二〇〇〇年九月から二〇〇五年二月までつづいた、イスラエルの占領に抗する被占領下の住民による一斉蜂起《ほうき》。戦闘員・民間人あわせて三〇〇〇人以上が殺された）の時期を上回る規模の攻撃が起きています。これも、イスラエル国家とそのナショナル・イデオロギーであるシオニズムそのものの企図――ヨルダン川から地中海にいたる全土をシオニストが占有し、そこにいるパレスチナ人を民族浄化する――が実践されているのだということ。

このような歴史的かつ今日的な文脈において、ガザの暴力を理解しなければならないということです。

イスラエル政府の発表をうのみにしてはいけない

イスラエル政府の発表、アメリカの主流メディアの報道（注6）、そして日本のメディアの報道は、ひとえに、このジェノサイドが植民地主義の暴力なのだという歴史的事実を徹底的に抑圧、隠蔽《いんぺい》するためのものとして機能しています。

イスラエル政府は十月七日以降のガザに対するジェノサイドを正当化するために、「ハマスが赤ん坊四〇人を殺して、うち十数人の首を切り落とした」とか、「赤ん坊をオーブンで焼いた」とか、「野外音楽祭で集団性暴力があった」と主張しますが、これらはすべて、遺体収容にあたった民間ボランティア団体のメンバーによる虚偽《きょぎ》の証言であったことが判明しています。しかし、この捏造《ねつぞう》によって「ハマスの残忍なテロ」という嘘偽《うそいつわ》りが世界に喧伝されました。

パレスチナ側の攻撃で民間人が殺されていないなどと主張したいわけではありません。そうした戦争犯罪は確かに起きていますし、戦争犯罪は裁かれなくてはなりません。そのためには、パレスチナ側がどのような戦争犯罪をおこなったのかを確証する必要がありますが、それは、イスラエル政府が発表している内容とは大きく異なるものです。当初一四〇〇人と発表されたイスラエル側の犠牲者はその後、一一三九人に下方修正されていますが、そこで犠牲になったイスラエル市民が、誰によって、どのように殺されたのかということについてイスラエル政府は調査して発表することを拒《こば》んでいます。

すでに証言等で明らかになったのは、現場に急行したイスラエル軍が住宅を戦車で砲撃し、なかにいる人質もろとも殺害したり、イスラエル兵の捕虜《ほりょ》や民間人の人質をガザに連行する車両をアパッチヘリがヘルファイアミサイルで攻撃し、乗っていた捕虜や人質を殺害したりしたことによって、相当な数のユダヤ系市民がイスラエル軍の攻撃により殺されているということです。

十月七日のパレスチナ側の奇襲攻撃を契機にイスラエルのユダヤ系市民が多数、殺されたことは事実ですが、そのすべてを「ハマスが残忍なやり方で殺した」というのは事実と異なり、パレスチナ側の戦闘員に殺された犠牲者の数も、イスラエル政府が明らかにしようとしないため、はっきりとはわかっていないのが現状です。

こうした虚偽を流しながら、イスラエルはガザに対する攻撃を「テロに対する自衛の戦いだ」と喧伝していますが、実際には、一九四八年以来やむことなく今日まで継続するパレスチナの民族浄化——漸進的《ぜんしん》ジェノサイド——の完遂《かんすい》こそがもくろまれています。

詳しくは、『現代思想』二〇二四年二月号のパレスチナ特集（注7）を読んでいただければ、これが私個人の見解ではなく、パレスチナ・中東研究に携《たずさ》わる者たちの基本認識であることをご理解いただけると思います。

ジェノサイドはいかなるシステムによって可能になったのか

「ナチスのホロコーストを前にして、人間になぜこんな残虐なことができるのか、と問うのは偽善《ぎぜん》的である」と、イタリアの哲学者ジョルジョ・アガンベンは述べています。「私たちが問うべきはむしろ、それは一体いかなるシステムによって可能になったのかということである」と。本セミナーで考えたいのは、まさしくこのことです。

「システム」という言葉で真っ先に想起されるのは、国連の安保理常任理事国が拒否権をもっているということ。そのためにイスラエルは、これまで数々の国際法違反、戦争犯罪、人道に対する罪を犯してきましたが、そのたびにアメリカが拒否権を行使するため、一度たりとも裁かれたことはありませんでした。この「イスラエル不処罰」という国際社会の悪しき「伝統」が、二十一世紀の今、ガザにおけるジェノサイドを可能にしてしまったことは疑いようがありません。八十年前の戦争の戦勝国がこのようなかたちで拒否権をもち、それゆえに世界の大半の国々の意向をご破算にすることができるという構造自体が、不正義の温床になっていることは(注8)、今や誰の目にも明らかです。国際法が存在しても、私たちが現在、生きているこの世界には、こうした戦争犯罪を公正に裁くシステムそれ自体が存在しないのです。

パレスチナの平和、ひいては世界の恒久平和が実現されるためには、この政治的に不公正な現行システムそれ自体が解体され、世界政府であれ、世界連邦であれ、真に平等で公正な、新たな世界が構築されなければなりません。逆に言えば、現行の体制が延命しつづけるかぎり、パレスチナにも、そして世界にも、本当の意味での平和は訪れないということです。この世界のありようそれ自体が問い直されなければなりません。

人文学＝ヒューマニティーズから考える

その第一歩として、本日のセミナーでは、何がガザのジェノサイドを可能にしてしまっているのかということを、私自身が専門とする「人文学」の学知という観点から考え、問題提起したいと思います。「人文学」は、英語でHumanitiesと言います。文学、藝術《げいじゅつ》、哲学、倫理学、歴史学、人類学、言語学など、人間という存在の本質にかかわる学のことです。

ガザ地区は二〇〇七年に完全封鎖されました。その封鎖されたガザ地区に対して、過去四回にわたり、イスラエルによる大規模軍事攻撃がありました。二〇〇八年から〇九年にかけての最初の攻撃、三回目の二〇一四年の「五十一日間戦争」では、私もパレスチナに関わる者のひとりとして、ガザで一方的な殺戮と破壊が起きているということを日本社会に知らしめるために、各地で講演をしたり、ネットで連日、情報発信したりしていました。しかし、今回のイスラエルによる攻撃では、はじまってから時を置かず、殺戮の規模も破壊の規模も過去のものとは比較にならない、異次元のジェノサイド攻撃であるという事態を前にして、私のなかにあったのは、人文学に携わる者として自分自身が問われている、という意識でした。

私は大学でアラビア語や世界文学を教えていますが、それらの授業でも、今ガザで起きていることが私たちにとって何を意味しているのかという、その人文学的意味を語らずにはいられませんでした。アラビア語の授業だから、あるいは中東文学の授業だから、アラブ・中東世界の一部であるところのパレスチナで今、起きていることについて語るのではありません。なぜ大学で英語以外の言語を学ぶことが必修とされているのか、なぜ「文学」というものが世界に存在し、私たちがそれを学ぶことに価値が置かれているのか。その基盤にある「人文学」というものの意味をふまえたとき、今ガザ、そしてパレスチナで起きていることを――テレビの報道番組で国際政治学者が他人事のようにわけ知り顔で解説する、そのような視点からではなく――人文学的観点から伝えなければならない。その人文学的意味を語らなければならない。そうでなければ私自身がこの先、何を書こうが、何を語ろうが、そんな人間の言葉は信用できない。文学を通して教育や研究をしているヒューマニティーを自分自身が裏切ることになる、という切迫した危機意識がありました。

どの言語の、どの国の文学であれ、どの国の歴史であれ、哲学であれ、人文学＝ヒューマニティーズに関わるとは、その専門とする地域や言語をこえて、そういうことであると私は思います。中東世界、イスラーム世界の出来事だから、中東・イスラーム地域の研究者だけの問題だ、ヨーロッパの人文学研究者には関係ない、などということはありません。ましてや、あとで述べるように、パレスチナ問題とは徹頭徹尾《てっとうてつび》、ヨーロッパに起源をもつ問題であるのですから、なおさらです。

ガザを見たとき、日本は自国の植民地主義を想起できているか

二〇二一年五月、私は名古屋の入管（出入国在留管理局）の施設で強制収容中に亡くなったウィシュマ・サンダマリさんの告別式に参加しました。私たちの社会によって殺された――その意味で、私もまたその死に対して責任を負っている――ウィシュマさんの姿を自分自身の記憶に焼き付けるためでした。ヨーロッパにおけるユダヤ人の死とウィシュマさんの死はつながっています。

ナチス・ドイツの時代において、ナチスの支配地域では、誰かを「ユダヤ人」と名指すことは、そのように名指された者たちに対して何をしてもよいということを意味しま

した。百年前の日本でのそれは「朝鮮人」でした。誰かを「朝鮮人」と呼びさえすれば、それは殺しのライセンスとなりました。二〇〇一年九月十一日以降、それは「テロリスト」でした。アメリカのグァンタナモ収容所では、「テロリスト」の嫌疑《けんぎ》をかけられた者たちが、国際法も国内法も適用されない法外な場に置かれました。

現在のガザでは、「ハマス」です。「ハマスが……」と言いさえすれば、パレスチナ人に対して何をしてもいい。そして今、日本では、たとえば非正規滞在の外国人がそれにあたります。ウィシュマさんの生と死が体現しているように、「不法滞在」とされれば、「人間」として扱われないのです。ジョルジョ・アガンベンがいうところの「剝《む》き出しの生」に還元された者たちです。

私にとって人文学とは、歴史や世界を見るこのような視座を与えてくれるものです。私たちが歴史や文学、哲学や人類学、その他の人文学を学ぶのは、私たちがそのようなパースペクティブでこの世界と、その歴史を見るためだと思います。

参政権をもつ、日本国家の構成員である私は、イスラエルによるガザのジェノサイドと、その陰でヨルダン川西岸地区で進行するすさまじい民族浄化の暴力について批判するとき、この日本という国がかつて中国で、朝鮮で、台湾で脱植民地化のために戦う者たちをすさまじい暴力で殲滅してきたという歴史的な事実に対する批判なしに、あるいは植民地支配のため、被植民者の監視管理に起源をもつ入管法によって今、非正規滞在者が人権の番外地に置かれ、毎年のように入管の収容施設で亡くなっている事実を批判することなく、イスラエルを批判することはできません。

第二次世界大戦中のドレスデン爆撃を上回ると言われるガザに対する爆撃（注9）を前に、日本人が想起するのが、ゲルニカや広島・長崎、あるいは東京大空襲だけであったなら、私たちはこれを批判する資格をもちません。広島・長崎に対する原爆による大量殺戮、広島の一九四五年十二月末までの被爆死に匹敵する市民を一晩で殺した東京大空襲に先立ち、日本が敗戦まで中国・重慶《じゅうけい》に対する戦略的都市爆撃をおこなっていたという事実が想起されなければならないはずです。すべてはつながっているのです。

しかし、私たちはそれを知っているでしょうか。歴史の授業で学んでいるでしょうか。「植民地主義」という言葉も、日本がかつて台湾や朝鮮を植民地支配したということも、中国に満洲国という傀儡《かいらい》国家をつくったことも、中国や東南アジアの国々を占領したことも、たしかに歴史の授業で学びはします。でも、それは、単なる「言葉」、単なる言葉だけの知識にすぎないのではないでしょうか。植民地支配や占領の暴力が、支配される者たちにとっていかなる暴力であったのかということを私たちは学んでいるでしょうか。ゲルニカについては知っていても、重慶の爆撃については知っているでしょうか。

十月七日のパレスチナ側による攻撃では、ガザ地区周辺のキブツ（集団農業共同体）が襲撃され、その住民が殺害されたり拉致《らち》されました。これは、国際法的には戦争犯罪です。しかし、これらのキブツとはなんなのか。集団虐殺やレイプ、強制追放によって、パレスチナ人を民族浄化して、故郷の村を追われて難民となった彼らをガザに閉じ込め、彼らが住んでいた村々をダイナマイトや空爆で破壊して、その跡につくられたのが、これらのキブツです。その内実は、ガザのパレスチナ人を監視する前線基地であり、実際、イスラエル軍のガザに対する地上攻撃に際して前哨《ぜんしょう》基地として使われる準軍事施設です。住民の男たちは軍事訓練を受け武装しており、いつでも電話一本で一時間後には軍服を着て戦闘に携わる予備役の兵士たちです。こうした植民者を、戦闘員と区別される「民間人」「無辜《むこ》の市民」とみなせと国際法は要求します。しかし、たとえばかつて満洲に入植した日本人がそこで果たした侵略的役割を考えるならば、それを無条件に受け入れるということに対して、私は倫理的な躊躇《ちゆうちょ》を覚えざるをえません。

すべてがつながっているのだという「知」を与えてくれるのが人文学であり、大学で人文学の研究・教育に携わるということは、そのような知を、世界をまなざすそのような歴史的、今日的視座を、若者たちに養うということだと私は考えています。こうした歴史的視座なくして、アジアの平和も、世界の平和もないと思います。

ガザのジェノサイドは、パレスチナや中東を専門とする研究者だけの問題ではありません。アメリカ研究や国際政治の専門家だけの問題でもありません。

壁一枚を隔て、安楽な生活を享受する者

岩波書店『世界』二〇二四年一月号で駒込武《こまごめたけし》さんが台湾とパレスチナをつなげた論文を寄稿しておられます。そのような視座を提示していただいたからこそ、私も同じ号に寄せた論考で、日本の台湾支配がなければ「霧社《むしゃ》事件」がないように、イスラエルの占領・封鎖がなければ十月七日のハマス主導の攻撃もないし、そもそもハマス自体が存在しないのだという趣旨の文章を書きました。

逆にいえば、日本の人文学に携わる者のマジョリティーにとって、ガザで今、起きていることが、自身の「関心領域」とあくまでも接続されないままであるならば、それは人文学者自身が自らの学問に死を宣告しているに等しいということです。このセミナー

に「人文学の死」というタイトルをつけたのは、そのような理由からです。

今、「関心領域」と申し上げましたが、この言葉は、二〇二四年五月下旬に日本でも公開されるアメリカ・イギリス・ポーランド合作の映画のタイトルです。カンヌ国際映画祭でグランプリを受賞し、アカデミー賞作品賞候補にノミネートされています。アウシュヴィッツ強制収容所と壁一枚隔《へだ》てた屋敷で暮らしているドイツ人の所長一家の物語です。

ユダヤ人のジェノサイドと同じように、ガザのジェノサイドが進行している今、私たちはテレビやスマホの画面越しに毎日それを目撃し、認識しています。壁一枚の代わりにモニター画面の向こうでジェノサイドが起きていることを私たちは知っています。ですが、画面のこちらでは、まったく別の平和で安らかな生活がある。

あの当時、アウシュヴィッツの大量殺戮によって犠牲になった者たちの財産や金歯、頭髪その他が「資源」として活用されていたように、たとえば二〇二一年の東京五輪では、半世紀以上にわたる占領の下でパレスチナ人の人権剝奪と抑圧の上に蓄積されたイスラエルのセキュリティ技術というものが活用されました。

伊藤忠商事と日本エヤークラフトサプライのイスラエル軍事企業エルビット・システ

ムズ社との契約は、この間、市民の皆さんが反対の声を上げ、精力的に活動することによって停止に追い込まれましたが、そうしたビジネスによって日本企業が収益を上げ、その恩恵に日本社会に生きる私たちが少なからず与《あずか》っていたということになります（注10）。

強制収容所で被収容者たちが置かれた――プリーモ・レーヴィの言葉を借りれば「これが人間か」（注11）というような――状況と、壁一枚を隔て、あたかもそんな現実など存在しないかのように安楽な生活と人権を享受《きょうじゅ》する者たち。映画『関心領域』におけるドイツ人家族と、ガザのジェノサイドを「遠い中東の話」であるとみなして「平和」を享受する者たちとをどうしても重ねて考えないわけにはいきません。

さらに言えば、それは、かつて植民地支配をしていた時代もそうですし、現代においても、グローバルサウスの資源や土地や労働力の搾取と収奪のシステムのもとで起きていること、知ろうと思えばいくらでも知ることができるにもかかわらず、見たくない事実を見ないことによって安全と平和と物質的豊かさと人権を享受し生活している、このグローバルノースの中産階級以上の者たちの暗喩《あんゆ》であるとも思います。

それはまた、イスラエルのユダヤ人にとっては、文字どおり壁一枚、フェンス一枚隔てた向こう、ガザ地区のなかで、七十六年前に自分たちが民族浄化をしてそこに追い込んだ者たちが、十六年以上つづく封鎖のなかで「これは生きながらの死だ」（注12）というような生を強いられ、十月七日以降は四カ月で一万人以上の子どもたちが殺され、完全封鎖によってラファでは飢餓と感染症で人が命を落としている、まさに「絶滅収容所」を彷彿《ほうふつ》とさせる状況にあるという、見たくも知りたくもない現実に目を向けることなく、自由で民主的な生活を享受しているということの暗喩として受け取らないわけにはいきません（注13）。

「人種」はヨーロッパ植民地主義が「発明」したもの

現在、ガザのジェノサイドというかたちで生起している暴力は、パレスチナ問題といわれる問題の現象的なあらわれのひとつです。パレスチナ問題の起源とは、一九四八年、パレスチナに「ユダヤ国家」を標榜《ひょうぼう》するイスラエルが、パレスチナ人を民族浄化して建国されたことにあります。この難民化と故国喪失《ここくそうしつ》をアラビア語で「ナクバ（大破局）」といいます。

では、なぜパレスチナに「ユダヤ国家」をつくることになったのか？　それは十九世紀末のヨーロッパで、「シオニズム」と呼ばれる、パレスチナにユダヤ国家をつくるという政治的な運動が誕生したからです。それはなぜか？　反ユダヤ主義があったからです。

では、反ユダヤ主義とは何か？　英語では、Antisemitism（反セム主義）といいます。「ユダヤ教徒は、ヨーロッパ人・アーリア人種ではなく、中東に起源をもつ、アラブ人と同じセム人なのだ」とする人種主義です。ヨーロッパ人とは、ヨーロッパのキリスト教徒のことであって、ユダヤ教を信仰する者たちは、ヨーロッパ人とは人種を異《こと》にするセム人だとする考えです。そもそも「人種」という概念そのものが似非《えせ》科学であり、さらに「セム人」などというカテゴリーも存在しません。ユダヤ教徒を、信仰を理由に「別の人種」とみなすことそれ自体がレイシズムです。

では、ヨーロッパにおける「反セム主義」の起源はどこにあるのか？　まずヨーロッパ・キリスト教社会における歴史的なユダヤ人差別がありました。それが近代になって人種、すなわち「血の問題」にすり替えられました。信仰が人種化されたのです。この「人種」という概念は、ヨーロッパの植民地主義が「発明」したものであり、植民地主義の暴力を支える理論の要《かなめ》となりました。

シオニズム運動――反セム主義に対する反応

近代における反セム主義は、その歴史的淵源《えんげん》をヨーロッパ・キリスト教社会にもち、さらにそれが近代ヨーロッパのグローバルな植民地主義が生み出した人種概念と結びついて誕生したものです。近代の反セム主義に対するリアクション（反応）として、シオニズム運動が生まれました。

このシオニズムを支援したのが大英帝国でした。そこには大英帝国の帝国主義的な利害があると同時に、大英帝国における反ユダヤ主義がありました。なぜなら国内のユダヤ人が自分たちの祖国は英国ではなくパレスチナだと考えて出て行ってくれることは、反ユダヤ主義者にとっては願ったり叶ったりのことであったからです（注14）。

第二次世界大戦後のヨーロッパでは、ナチスによるジェノサイドを生き延びたユダヤ人が、帰るところも行くあてもなく、大量に難民になっていました。一九四七年、国連はこのユダヤ人難民問題を解決するために、パレスチナを分割し、そこにユダヤ国家をつくることを決議します（注15）。なぜ国連がパレスチナを分割し、そこにユダヤ人の国をつくるのか。しかも、ヨーロッパのユダヤ人の国を。

たとえば、アルジェリアの独立に際しても八年にわたる苛烈《かれつ》な独立戦争が起きました。

このときアルジェリアを分割し、フランス人の国とアルジェリア人の国をつくるという解決があり得たでしょうか。なぜパレスチナに関してそのような解決策が国連で提示されたのかといえば、このとき分割を支持した者たちにも反セム主義があったからです。つまり、「この者たちはヨーロッパ人ではなく、もともとパレスチナにいた者たちだ、だからここに彼らの国をつくるのは道理に適《かな》っている」というレイシズムにもとづく認識があったということです。

国家維持のためにホロコーストの記憶を利用する

今日の私の話のタイトルに「ヨーロッパ問題としてのパレスチナ問題」とありますように、今、ガザで、そしてパレスチナで起きている問題は、歴史的に考えると、徹頭徹尾ヨーロッパにその問題の起源がある。ヨーロッパ・キリスト教社会における歴史的なユダヤ人差別。近現代における植民地主義のグローバルな展開。いずれもヨーロッパによる問題です。植民地主義は「人種」という概念を生み出しました。人種概念は、人間を人種に分けて、それに優劣をつけ、差別を合理化するレイシズムを生みました。それがパレスチナの植民地支配を生み、パレスチナにおける「ユダヤ国家」の建設を正当化しました。

そして第二次世界大戦後、とりわけ一九七〇年代以降、ユダヤ人の悲劇としてのホロコーストが特権化、例外化され、ひたすらパレスチナ人に犠牲を強いることによってその贖罪《しょくざい》がおこなわれることで、パレスチナ占領の正当化、永続化が進行していきます。

イスラエルは自らを「ホロコーストの犠牲者であるユダヤ人の国」と自己規定していきます。そして建国後三年の一九五一年、ドイツに対して賠償《ばいしょう》を求めました。

しかし、イスラエル建国当時、あるいは、さかのぼって建国前の、パレスチナのユダヤ人指導部は、ヨーロッパにおけるホロコースト、同胞の迫害と虐殺に対してどのような態度をとっていたのでしょうか。イスラエルの初代首相となるダヴィド・ベン＝グリオンは当時、「パレスチナにユダヤ国家をつくるという運動（シオニズム運動）があるにもかかわらず、彼ら（ヨーロッパにいたユダヤ人）はパレスチナに来ず、ヨーロッパに留まったのだから自業自得《じごうじとく》だ」として、非常に冷淡でした。パレスチナに入植していたユダヤ人たちがヨーロッパで迫害されている親族の救出を求めても、ベン＝グリオンの答えは、「気持ちはわかるが、今われわれはユダヤ国家建設のためにあらゆる資源を傾注《けいちゅう》すべきである」というものでした。同胞の命よりも「ユダヤ国家」を建設することが優先されたのです。

シオニズム誕生当初から今に至るまで、敬虔《けいけん》なユダヤ教徒はシオニズムを批判し、これに反対してきました。シオニズムは、神が救世主を遣《つか》わしてもいないのに、武力によって人為的に国家をつくることで、神がユダヤ人の試練として与えた離散に終止符を打とうとする、神の教えに反する行為、思想だからです。敬虔なユダヤ教徒にとって、神の教えに反するシオニストは、もはや「ユダヤ人」ではありませんでした。

これに対して、イスラエル建国後、シオニストのユダヤ人たちは、われわれは「新しいユダヤ人」だと主張します。「ヨーロッパでホロコーストの犠牲になったユダヤ人は、抵抗もせずに唯々諾々《いいだくだく》と殺された、ディアスポラで骨抜きにされたユダヤ人」であり、「祖国を守るためなら武器を持って戦うわれわれシオニストは、ディアスポラのユダヤ人とは違う、新たなユダヤ人だ」と。ここでは、ホロコーストの犠牲となったユダヤ人は、シオニスト・ユダヤ人というアイデンティティーを立ち上げるために、「否定すべき他者」として利用されました。ですから、戦後、イスラエルに渡ったホロコースト生還者たちは、そうしたイスラエル社会において蔑《さげす》まれ、たいへん肩身《かたみ》の狭《せま》い思いをすることになります。

イスラエルが建国されると、ヨーロッパだけでなく、イラクやモロッコをはじめ中東のイスラーム世界からたくさんのユダヤ教徒がやってきて、この歴史も文化も異なる多種多様なユダヤ人をどうやって国民として統合するかという問題が生まれます。そのとき「発見」されたのが、ホロコーストでした。

中東・イスラーム世界には、ヨーロッパのキリスト教社会とは全然違うユダヤ教徒の歴史がありました。そこにおいては、歴史的に「共生」が原則でした。にもかかわらず、「反セム主義（反ユダヤ主義）は世界にあまねく存在しており、いつ何どき第二のホロコーストがあるかわからない。だから、シェルターとしてのユダヤ国家が必要だ」とされ、国民統合のためにホロコーストの記憶が利用されたのです。

パレスチナ人の民族浄化という暴力の上に建国されたイスラエルは、その後も「ユダヤ国家」を維持し、占領を拡大し、パレスチナ人に対して暴力を振るいつづけます。その暴力を正当化するために、ホロコーストの記憶はますます利用されることになります。グテーレス国連事務総長が、「十月七日のハマスのテロは真空状態で起きたわけではない。パレスチナは半世紀以上にわたりイスラエルに占領されている（つまり、イスラエルによる占領に対する抵抗としてハマスの攻撃があった）」と発言したことに対して、イスラエルの国連大使は、これを「反ユダヤ主義」だと非難し、ナチスがユダヤ人に着用を強制した黄色の星をつけて国連の会議に出席し（国連はナチスと同じだ、という主張です）、グテーレス事務総長の罷免《ひめん》を求めたことは、ホロコーストの記憶の政治利用の端的な一例です。

日本に関して言えば、現代においても依然として、日本社会の脱植民地化が完了していない、それどころか植民地主義の暴力が振るわれつづけているということが批判されてきましたが、「国際社会」を代表するG7のガザへの対応を見ても、日本だけでなく、これらの国々も依然、植民地主義国家のままでありつづけているということを、今回のガザのジェノサイドは明らかにしています。

近代学問に内包されるレイシズム

西洋は、一方で普遍的人権や民主主義を掲げながら、他方で世界を植民地支配し、今なおその構造に立脚した差別、収奪の暴力を行使している、その矛盾を矛盾とも感じずにきたこと、それ自体がレイシズムの所産であると思います。

「アウシュヴィッツの後に詩を書くことは野蛮である」というアドルノ（ドイツ哲学者）の有名な言葉はこれまで、アウシュヴィッツの後に詩を書くことが野蛮であるか否《いな》かという枠でしか思考されてきませんでした。しかし問うべきは、アウシュヴィッツの前はどうなのか、ということです。二十世紀初頭、ドイツはナミビアで先住民のジェノサイドをおこないました。近代五百年の歴史は、西洋の国々による非ヨーロッパ人に対する大量殺戮の歴史です。そのことをアドルノも問うていないし、アドルノの言葉に接してきた者たちも問わないできました。非西洋人を大量殺戮しながら詩を書きつづけることは、野蛮とはみなされなかったのです。

近代の学知のなかに、このレイシズムが内包されています。ガザのジェノサイドが日本の人文学研究者にとって、あたかも中東研究者にのみかかわる問題であり、自分たちには他人事であるとしたら、それはこのレイシズムゆえではないのか。歴史的、そして今なおつづく植民地主義の暴力を「他人事」としているからではないのか、と思わざるをえません。

【注】

（1）エドワード・W・サイード（浅井信雄＋佐藤成文＋岡真理 訳）『イスラム報道 増補版——ニュースはいかにつくられるか』みすず書房、二〇一八年

(2)シュロモー・サンド(高橋武智 監訳、佐々木康之+木村高子 訳)『ユダヤ人の起源——歴史はどのように創作されたのか』浩気社、二〇一〇年(ヘブライ語原題は、「ユダヤ人はいつ、いかにして発明されたのか」)

(3)「シオニズム」ウィキペディア。https://ja.wikipedia.org/wiki/%E3%82%B7%E3%82%AA%E3%83%8B%E3%82%BA%E3%83%A0(最終閲覧日二〇二四年五月二十日)

(4)二〇二一年から二二年にかけて、国際的な人権NGOであるヒューマン・ライツ・ウォッチとアムネスティ・インターナショナルが相次いで、イスラエルをアパルトヘイト国家と断じて、その廃絶を求める大部の報告書を発表している。

Human Rights Watch, A Threshold Crossed: Israeli Authorities and the Crimes of Apartheid and Persecution, April 27, 2021. https://www.hrw.org/report/2021/04/27/threshold-crossed/israeli-authorities-and-crimes-apartheid-and-persecution(最終閲覧日二〇二四年五月二十日)

Amnesty International, ISRAEL’S APARTHEID AGAINST PALESTINIANS: A LOOK INTO DECADES OF OPPRESSION AND DOMINATION, February 1, 2022. https://www.amnesty.org/en/latest/campaigns/2022/02/israels-system-of-apartheid/(最終閲覧日二〇二四年五月二十日)

(5)数十人の赤ん坊の殺害や斬首、集団性暴力など、世界に衝撃を与えた「ハマスの残忍なテロ」は、事件直後、現場に駆け付けた遺体収容のボランティア団体ZAKAのメンバーの証言に依拠したものであるが、アメリカのジャーナリスト、マックス・ブルーメンサールやアリー・アブーニゥマらは、これらの証言が虚偽のものであることを“The Grayzone”や“The Electronic Intifada”における一連の検証記事で報じている。

(6)二〇二四年四月半ば、ニューヨークタイムズ紙の報道に関してリークされた情報によれば、同紙記者たちは、ガザ報道に関して「ジェノサイド」「民族浄化」「占領地」という語彙の使用を避けるように、また、「パレスチナ人」「難民キャンプ」という言葉も可能なかぎり使用しないようにと指示されていた。

Jeremy Scahill, Ryan Grim, “Leaked NYT Gaza Memo Tells Journalists to Avoid Words ‘Genocide,’ ‘Ethnic Cleansing,’ and ‘Occupied Territory,’” *The Intercept*, April 15, 2024. https://theintercept.com/2024/04/15/nyt-israel-gaza-genocide-palestine-coverage/(最終閲覧日二〇二四年五月二十日)

(7)『現代思想二〇二四年二月号　特集=パレスチナから問う』青土社

(8)ロシアのウクライナ侵略に対する国連安保理の非難決議にロシアが拒否権を行使することをアメリカその他は「拒否権の悪用」と非難しているが、アメリカは自国およびイスラエルに関し、「拒否権の悪用」をずっとおこなってきた。

（9）リチャード・フォークが代表を務め、スイスに本拠地を置く国際人権NGO「ユーロメッド・ヒューマンライツ・モニター」によれば、イスラエルがガザに対して、攻撃開始から一カ月足らずのあいだに投下した爆薬は、広島型原爆二個分に相当するという。

Euro-Med Human Rights Monitor, "Israel hits Gaza Strip with the equivalent of two nuclear bombs," November 2, 2023. https://euromedmonitor.org/en/article/5908/Israel-hits-Gaza-Strip-with-the-equivalent-of-two-nuclear-bombs（最終閲覧日二〇二四年五月二十日）

（10）二〇一四年五月、安倍首相（当時）は来日したネタニヤフ首相と会談、両者は「日本・イスラエル間の新たな包括的パートナーシップの構築に関する共同声明」を発表した。イスラエルによるガザのジェノサイドが進行する只中の二〇二四年一月に防衛省がイスラエル製兵器の購入を計画していたことが、その後、明らかとなった。

（11）プリーモ・レーヴィ（竹山博英 訳）『これが人間か――アウシュヴィッツは終わらない　改訂完全版』朝日選書、二〇一七年

（12）二〇一四年の五十一日間戦争において、ガザ市民の代表たちが世界に向けて「ガザに正義なき停戦はいらない」と題する英語の声明を発表、封鎖下で生きるとは「生きながらの死」に等しいと世界に訴えた。
"No ceasefire without justice for Gaza," *The Electronic Intifada*, 22 July, 2014. https://electronicintifada.net/content/no-ceasefire-without-justice-gaza/13618（最終閲覧日二〇二四年六月七日）

（13）『関心領域』は米アカデミー賞で国際長編映画賞を受賞、受賞スピーチで監督は、作品は過去ではなく現代を描いたもので、占領に乗っとられたユダヤ人性とホロコーストに論駁すると発言している。

（14）パレスチナにユダヤ人の民族的郷土の設立を認めたバルフォア卿も反ユダヤ主義者だった。ナチスにとって、シオニズムは歓迎すべきものであり、シオニストにとってもナチスの反ユダヤ主義は歓迎すべきものだった。この時代、シオニズムにとって反セム主義は、パレスチナにおける「ユダヤ国家」を実現するための思想的資源であり、シオニズムの敵は、反セム主義に反対するユダヤ人、自分をユダヤ教徒の英国人、ユダヤ教徒のドイツ人と考える、ヨーロッパにおけるユダヤ人の解放をめざす者たちだった。
Tony Greenstein, *Zionism during the Holocaust; The Weaponisation of Memory in the Service of State and Nation*, New Generation Publishing, 2022.

（15）当時、ホロコーストを生き延びたものの、帰る場所のないユダヤ人が二五万人、連合国の占領下で難民となっていた。国連は、二五万人のユダヤ人問題を解決するために、パレスチナ分割を決議し、その結果、七五万人のパレスチナ難民を生み出すこととなった。

ドイツ現代史研究の取り返しのつかない過ち
――パレスチナ問題はなぜ軽視されてきたか

藤原辰史

ナチズム研究者はナチズムと向き合いきれていない

私は、ドイツの現代史を研究してきた人間のひとりとして、パレスチナ問題を前にして、人文学のひとつである歴史学がどう問われているのかということをお話ししたいと思います。

私はアウシュヴィッツ強制収容所の跡地に行ったとき、所長だったルードルフ・ヘスの自宅がすぐ横にあるのを見ました（岡さんが紹介された映画『関心領域』の舞台となった場所です）。ヘスが絞首刑になった絞首台も彼の家のすぐ近くです。家族がプールや美味しい食事を楽しんでいるすぐ隣で世界的悲劇が進行していました。ヘスは農業や自然保護にも関心のある人物で、化学肥料を用いない有機農業を支持したこともあります。岡さんの言葉を借りれば、まさにこんなふうに、私たちはスマホの向こうで起こっている現実について、私たちの罪が問われていることを感じきれていないのではないでしょうか。

今日はできるだけ、鏡を見るようなつもりで、もちろんナルシシズムに陥《おちい》らないように批判をひらきつつ、批判がつねに自分にも向けられているという認識のもとでお話ししたいと思います。

ドイツ現代史の研究者は、パレスチナ難民やイスラエルの暴力をまったく無視しているかといえば、そうではなく、イスラエルを批判する人も少なくありません。しかし、そこから当事者意識が欠落していることが大きな問題だと私は思います。たとえば、パレスチナ問題が「生成した」、パレスチナ難民が「発生した」という言葉づかいをすることがよくある。イスラエルの一九四八年の「建国」についても、どれだけの暴力が振るわれたかにはほとんど触れない。これらの問題がどこから生まれたかということは、岡さんの話からも明らかですよね。遠くの地域の「他人事」として起きている「かわいそうなこと」という倫理的問題としてこの問題を捉えていて、その「上から目線」が、研究者たちのパレスチナ問題を見る目を非常に曇《くも》らせているように思います。

そして、パレスチナとともに、中東欧や南欧への関心も低すぎる。日本のドイツ研究者でポーランド語やチェコ語、ロシア語を研究している人はかぎられていますし、英語や日本語でパレスチナや中東欧を研究する本は法政大学出版局やみすず書房を筆頭にたくさんありますが、そこにさえほとんど関心が向きません。そのために、ドイツ現代史研究の成果が最も試されるはずの目の前で進行するナチズム的惨劇に対して、頭がフリーズしている人が多いのではないでしょうか。

「アウシュヴィッツ」という言葉は、ナチスのシンボルのように語られていて、現代社会における最悪の歴史的事実として認識されています。たしかに最悪で、どんなことがあろうとも二度とくりかえしてはならない大惨事ですが、アウシュヴィッツを中心として歴史のストーリーが組み立てられすぎていて、それが絶対的な上位に置かれているので、じつは逆に、ナチズム研究者自身がホロコーストやナチズムと十分に向き合いきれていないのではないか。これが、私が今日問いたいことです。

それは、とりわけ「いないこと」「なかったこと」にされるものがあることに表れています。クリスティアン・ゲルラッハという、第二次世界大戦期の暴力を専門とするドイツ現代史研究者の推計によると、ナチスが殺害したのは、六〇〇万人（そのうち半数が収容所で殺されました）ともいわれるユダヤ人だけでなく、ロマ（かつてジプシーという蔑称《べっしょう》で呼ばれていました）の人びともいます。三〇〇万人から五〇〇万人の人が犠牲になりました。それからあとで触れますが、ナチスは「飢餓計画」といって、三〇〇〇万人のソ連の住民を殺害する計画を立て、主な政治家や軍人による承認を得ていました。実際はそれほどうまくいかなかったにせよ、ソ連の捕虜をわざと飢えさせて、三〇〇万人を殺しています。そのうち一三〇万人がウクライナで、七〇万人がベラルーシ、四〇万人がポーランドで亡くなっています。レニングラード、現在のサンクトペテルブルクでは軍隊が市民を包囲して飢えさせ、四〇万人から一三〇万人ともいわれる犠牲を生み出しています。ソ連、ギリシア、ユーゴスラヴィアでは、ナチスに抵抗したパルチザンが一〇〇万人亡くなっています。二〇二二年の夏に私はボスニア・ヘルツェゴヴィナのパルチザンの墓や記念碑を見て回りましたが、多くが若い兵士で、宗教もバラバラでした。そのなかにはもちろんユダヤ人も含まれていますが、パルチザンに加わった動機はさまざまだったと思われます。時期によっても、ナチスに最も殺害されたグループは変わっていきますし、ドイツ人以外にも多くの人びとがヨーロッパのいろいろなグループの殺害に加わっています。

こうした存在を取り上げる研究がもっとたくさんあっていいはずなのに、一般的には「ナチスの虐殺」といえば、ユダヤ人に対するものに収斂《しゅうれん》されます。ゲルラッハのユダヤ人以外の殺戮とユダヤ人の殺戮を同時並行的に論じる研究は高く評価されていますが、日本ではまだ翻訳がありません。

そもそも、歴史学そのものが、人間の足跡と尊厳を簡単に消すことができる、人の生きてきた痕跡をなかったことにできる暴力装置であるということへの自覚が薄い。その政治的緊張感のなさは、ドイツ現代史研究にかぎった話ではないと思います。

また、岡さんもおっしゃったように、反植民地闘争は当然激しくなります。しかし、植民地主義は、その比較にならぬほど苛烈で醜《みにく》く、長期に及び、残虐である。私たちは前者の苛烈さばかりに目を奪われ、抵抗者たちを「テロリスト」と名づけて思考を停止し、この「長期の暴力」についてとても無関心になるのです。私自身も自分のなかにそうした目線があったことに気づかされ、研究者としての反省を迫られています。

ほかならぬ私自身が、国内外の多くの研究者から教えていただいて、勉強し直している最中です。今日はそのなかから、ドイツ、そしてナチズムを研究することとパレスチナ問題との関係について、本当にわずかですがお話ししたいと思います。

ドイツとイスラエルをつなぐ「賠償」

一九四八年の「イスラエル国」の「建国」から一年後、ドイツ連邦共和国（西ドイツ）が建国されました。以下、イスラエルと西ドイツの関係については、武井彩佳さんと板橋拓己《たくみ》さんのご研究によりながら説明をしていきます。

西ドイツはナチスの過去を引きずり、それを背負って「西側」として国際社会への復帰を急ぐことを使命とした国です。一方、その五カ月後に建国したドイツ民主共和国（東ドイツ）は、ナチスと戦ってきた反ファシズムを国是《こくぜ》としたので、ナチズムの罪とは向き合わなかった。西ドイツは、東ドイツとの関係性のなかで、つねに「ナチズムの暴力と向き合わなければ西側へ復帰できない」という課題を自らに突きつけました。

そうしたなかで、イスラエルは「ユダヤ民族を代表することができる唯一の国家」を名乗り、一九五一年、連合国への親書というかたちで、西ドイツに対してホロコーストの「賠償」を要求しました。

翌年、イスラエルの首相ベン＝グリオンはイスラエルの国会（クネセト）で、西ドイツ政府が交渉を受託したと発表します。イスラエルのなかには、西ドイツからの賠償は「血のついた金」であるとして、受領拒否を求める右派の反対運動もありましたが、議会の承認を受け、交渉が進められました。イスラエルと西ドイツのあいだで「ルクセンブルク補償協定」が調印され、西ドイツはイスラエルに人道的な補償として三〇億マルクを物資として支払いました。

西側社会への復帰を急ぐ西ドイツは、「人道的な国家」へ生まれ変わったことを世界に示すとともに、イスラエルに工業製品を届けることによって、戦争による荒廃から経済復興することも可能となりました。輸出した物資のなかには「デュアルユース（軍民両用）」というかたちで利用される軍事物資も入っていました。

それだけでなく、西ドイツ首相アデナウアーは、一九五七年から、国交不在でありながらイスラエルの軍事支援を極秘に進めていました。提供した武器は、機関銃から高射砲、対戦車砲、戦車、潜水艦まで含んでいたともいわれます。ドイツ憲法に違反する行為ですが、明るみに出るまで長くつづけられました（注1）。

また、武井さんのご研究によると、イスラエルの乾燥地帯であるネゲブ地方で西ドイツの援助によって塩水を脱塩し、その水によって砂漠を緑化するというプロジェクトが立ち上がったそうですが、その電力として原子力発電が用いられました。この名目で一九六一年から六五年の五年間で約六億三〇〇〇万マルクが西ドイツからイスラエルに送金されていますが、結局脱塩施設はつくられず、イスラエルの核兵器開発に用いられ、西ドイツもそのことを認識していたというのです（注2）。

「イスラエルは西ドイツとの接近と和解によって中東紛争を生き延びることができた」

といわれます。西ドイツから送られた軍事物資によって、イスラエルはパレスチナの人びとの家を奪って占領し、命を奪った。そしてイスラエルの軍事化に貢献することは、西ドイツ側にとっても、軍需産業を再興させ経済を復興させるという目的にかなうものだったのです。このあり方は日本の「朝鮮特需」にも重なります。

戦後、西ドイツが「非ナチ化」（ナチ時代の高官を追放すること）を成し遂げたというのは嘘で、ナチに関連した人間は政府内に存在しつづけましたし、とりわけ農業や農学の分野では残留しました。たとえば、ナチ時代に、ヨーロッパ各地に住むドイツ人をポーランドやロシアなどの地域に移住させ、ポーランド人やスラヴ人を故郷から追い出す「東部総合計画」を立てたコンラート・マイヤーという研究者がいましたが、戦後も大学に残って農村計画学者として活躍し、日本でも彼の研究書が訳されています。じつは京都大学や東京大学も同じで、満洲移民運動に関わった橋本傳左衛門《でんざえもん》や那須皓《しろし》、杉野忠夫といった農業経済学者たちは、戦後も大学に残って教鞭《きょうべん》を執《と》っていました（注3）。

西ドイツの「非ナチ化」はまったく達成されていない。にもかかわらず、イスラエルはそれに目をつぶり、ホロコースト犠牲者の反対を抑圧して、協定を結んだということです。

アラブ諸国は、西ドイツのイスラエルへの補償（軍事支援）によってパレスチナ難民問題が生まれているのだから、西ドイツはパレスチナ問題にも向き合い補償すべきだと主張しましたが、西ドイツはパレスチナ難民問題とイスラエルへの補償問題を切り離すということをしました。パレスチナ問題に向き合うことは、ホロコーストとの関連性、さらにはパレスチナ難民をもたらした間接的責任を認めることになってしまう。それを避けるために、あえて両問題を切り離してイスラエルへの補償と軍事支援をつづけたのです。そして一九六五年、ようやく西ドイツとイスラエルは国交を樹立します。

戦後賠償に経済が関わっていることは、日本が戦後、東アジア・東南アジアにおこなった「戦後賠償の一環としてのＯＤＡ（政府開発援助）」とも似ている点があるのではないでしょうか。私はかつて、アメリカやシンガポールの大学の研究者と、日本の「戦後処理」と技術移転の共同研究をおこない、稲の品種改良技術の論文を書いたことがあります（注４）。日本が植民地で蓄積した優れた品種改良技術が、ダム建設などと同様に、戦後、東南アジアの技術援助として用いられましたが、当然、加害責任と向き合って賠償金を支払うかわりに技術移転という日本にも利益の多い方法に転換されたわけです。

私たちは、高校までに学校で日本の歴史を学んできましたよね。その知識からでも、今回起こっていることのいくつかの筋は理解できるはずなんです。それすらも怠《おこた》ってしまうほどタコツボ化している知のありかたが、まさに人文学が自分で自分の首を絞めるような今の状況をもたらしていると思います。

ふたつの歴史家論争

一九八二年、西ドイツではキリスト教民主同盟（CDU）のヘルムート・コールが首相に就任します。それまでの社会民主党系の首相たちは、どちらかといえば歴史に向き合い、ドイツの過去を反省しようという姿勢でしたが、コールは「ドイツには歴史的にもっと誇るべきものがあったのではないか」という人びとの感情を代弁しながら首相になりました。彼は、アメリカのレーガン政権とともに共産主義包囲網、つまり、共産主義圏の拡大を防ぐための国際的な同盟をつくりながら、従来のドイツ社会民主党の「歴史認識」への反動を担っていく。それにともなって、保守系の歴史家が台頭していきました。

非常に重要なことに、この時期にドイツで「歴史家論争」というものが起こります。ドイツの歴史学者のエルンスト・ノルテが、一九八六年六月六日に「過ぎ去ろうとしない過去」という論文を発表しました。ノルテはナチスのユダヤ人虐殺を強く批判する学者ですが、前例としてソ連の「ラーゲリ」とよばれた収容所における苛烈な暴力の歴史を強調し、それとの比較検討をすることでホロコーストについて考察すべきであると論じました。

これに対して、ドイツで最も影響力のある哲学者のひとりであるユルゲン・ハーバーマスは、「それはアウシュヴィッツの絶対悪を歴史の文脈のなかに位置づけて相対化してしまうことであり、〝ドイツはもっとよい国だった〟とする歴史修正主義的な考え方に近づいてしまうことになる」という主旨の批判論文を出しました。

ふたりの論文は日本でも翻訳され、私が大学に入学した一九九五年ごろ、この歴史家論争があらゆる場所で語られていたと記憶しています。私は「歴史を簡単に相対化して軽くしてしまうことはよくない」と、ハーバーマスの主張に共感していました。当時の日本で、日本は植民地でよいこともした、戦争には大義があったというような歴史教科書の書き換えや、南京大虐殺の史実を矮小化《わいしょうか》する見方が出た時期と重なっていたことも大きな理由だったと思います。

人文学の役割は、起きた事象の数字を比べてその優劣を判断することではありません。

そうではなく、世界各地で起きている事象をくりかえし検証しながら、別の場所で類する問題が起きれば、たえず往復して考えていく役割があった。にもかかわらず、ドイツにせよ、日本にせよ、ドイツ現代史研究者の多くは、「ナチスの悪」を絶対化していくことになりました。

一九九九年、ドイツ軍がNATO軍とともにコソボ紛争に介入し、ユーゴスラヴィアのセルビアを空爆しました。このときハーバーマスは自著論文「獣性と人道性」で空爆を擁護します。あのハーバーマスがなぜ空爆で民間人を殺すことを支持するのか？　と、私も大学で議論したことを覚えています。

二〇〇八年三月には、イスラエル建国六十周年にあたって、ドイツのアンゲラ・メルケル首相が「ナチスの残虐行為を相対化しようとする試みには、敢然と立ち向かう。反ユダヤ主義、人種差別、外国人排斥主義がドイツと欧州にはびこることを二度と許さない」「ドイツ首相である私にとって、イスラエルの安全を守ること、これは絶対に揺るがすことはできない」と述べて、歴史的責任をドイツの「国是」であるとしました。

恥ずかしながら私は最近まで知らなかったのですが、二〇二〇年、「第二の歴史家論争」というものがはじまりました。これについては、ロシア近代史研究者で記憶の紛争化に詳しい橋本伸也《のぶや》さんにご教示いただきました。また論争がはじまってすぐ、ドイツのアジアにおける植民地主義というユニークな研究をなさっている浅田進史《しんじ》さんもこの論争をネットで紹介しておられましたが、私は気づいていませんでした。ともかく、二〇二一年の五月、ホロコースト研究者A・ディーク・モーゼス（ニューヨーク市立大教授）が「ドイツ人のカテキズム」という論文で、あまりにも硬直したドイツの歴史観を批判し、ヨーロッパの植民地主義の問題をふまえたうえでもう一度ナチズム研究を検証すべきではないか、という主旨の提起をしたのです（注5）。論争を生んだこの論文の内容は、のちほど詳しく取り上げます。

同年、ドイツは、第一次世界大戦前に植民地支配していた南西アフリカ（現ナミビア）での虐殺を「ジェノサイド」と認め、ナミビアに一一億ユーロ（約一四七〇億円）を支払うと発表しました。ドイツはナチスが登場するよりももっと前にアフリカに植民地をつくり、残虐行為に及んでいた。そのことを遅ればせながら政府が認めはじめています。

誰のための「記憶文化」か

私にとってドイツは一番長く暮らした外国で、知人や友人もたくさんいるし、ユダヤ系の人たちとも話し、いろんなことを学んできましたが、それだけになかなかドイツという国を批判することが難しい。そんな私でも最近、この国の論調がおかしい方向へ向かっていると強く感じたのは、二〇二二年二月二十七日のことです。

ロシアのウクライナ侵攻を受け、ショルツ首相が連邦議会で、国防費を国内総生産（GDP）の二％超に引き上げると表明しました。このとき議会の雰囲気は異様にテンションが高く、「貧相だった国防軍の武器をようやく更新できる」、そんな報道が主要なニュース番組で流れていました。

そして、ガザ侵攻がはじまる直前の二〇二三年九月二十八日、ロシアのウクライナ侵攻を受けて防空体制の強化を急いでいたドイツとイスラエルの国防相は、イスラエル製の弾道ミサイル迎撃システム「アロー3」をドイツが購入することで正式合意しました。すでにここから武器の取引ははじまっていた。独メディアによれば、調達額は約四〇億ユーロ（約六三〇〇億円）で、イスラエル史上最大の武器取引となりました。

すでに述べてきたように、ドイツとイスラエルの関係は非常に軍事的なものです。メルケル前首相は一応、ヨルダン川西岸と東エルサレムへのイスラエルの入植地建設については以前から批判していましたが、ガザ侵攻がはじまった直後の二〇二三年十月十二日、ショルツ首相は「我々はイスラエルの側に立つ。イスラエルの安全を守ることはドイツの国是だ」と、メルケルがかつて言った「国是」をさらに強化する発言をしています。

このような経緯をふまえ、人文学者はどう考えるべきでしょうか。

私は、ドイツの歴史家が大切にしてきたはずの「記憶文化」というものは偏っていたと思わざるをえません。ドイツ語でErinnerungskulturというこの言葉に私はずっと共感を抱いてきました。自国の加害の記憶を風化させず、内面化していくために、記念碑や博物館を大切にし、市民とともに積極的に行動しようとするこの文化は、日本では明らかに弱いからです。ドイツの重厚な記憶文化のおかげで私は本当に多くのことを学ぶことができました。

しかし、今問われているのは、それが誰のための「記憶文化」だったのか、ということです。

ドイツは過去を克服した優等生なのか？

私はドイツ南西部のハイデルベルク大学で数カ月間教えたことがあります。ここには国とバーデン・ヴュルテンベルク州の共同出資によって建てられた「ドイツのシンティ・ロマの資料・文化センター」（ナチスの強制収容所に入れられたシンティ・ロマに関する博物館）があります。私が訪問したとき、すぐ近くのハイデルベルク城は観光客でごった返していたのですが、博物館にいたのは私ひとりだけでした。館長は日本から訪問した私を歓待し、館内すべてを案内してくださいました。彼はここで日本の被差別部落問題とロマの問題を一緒に考える会が開かれていたことも教えてくれました。

このとき館長は、「私たちにはユダヤ人のような国がないため、国際的発言力が弱いのです」と言っていました。国立博物館はあっても、日本人も含めて関心はとても低いわけです。

「ドイツは過去を克服した優等生である」とよく言われます。私もいろんなところで、「メルケルは歴史博物館によく行き、歴史を学ぶことで自分がどうすべきかを考える人だそうです」と、ある意味でこれみよがしに発言してきました。日本の政治家の歴史の捉え方があまりにもひどすぎてドイツが輝いて見えるということもあるとは思いますが、それ以上に、私たち歴史家も含むいろんなことを知っていたはずの人間が、「無関心」ではなく「低関心」、つまり「すでに知っている」という態度をとって多くの問題を見落としてきたことに、ドイツを「優等生」だと思いつづけてしまう要因があったのではないかと反省しています。

今回起きたイスラエルのジェノサイドに際して、ノルベルト・フライという歴史家が「左右からの挟み撃ち」（二〇二四年一月十四日）という論文を書きました（注6）。フライは私も学生時代によく学んだ、非常に優れたドイツ現代史家ですし、今もそうなのですが、彼はこの期《ご》に及んでイスラエルの民族浄化やパレスチナの惨状の歴史については一切触れることなく、「ドイツの『記憶文化』が攻撃に晒《さら》されている」と警鐘を鳴らしています。ドイツ右派政党「ドイツのための選択肢（AfD）」の歴史修正主義を「右側」からの攻撃、先述したモーゼスの提起を「左側」からの攻撃とし、これに対して「ドイツはこれまでの『記憶文化』を擁護すべきだ」と主張しているのです。

そもそもフライは、二〇二二年二月一日のオックスフォード大学での講演「ドイツ、ホロコースト、ポストコロニアルの挑戦」でイスラエルのパレスチナに対する空爆や封鎖の暴力の歴史には一切触れずにモーゼスを批判し、最後のまとめのところで、「ドイツに移民や難民がやってくることは多いが、ドイツはそれを受け入れて多民族・多文化社会を築いていくべきだ。だが、それには条件がある。新しく市民権を獲得した人は、ドイツの政治文化と歴史的遺産を受け入れることだ」という主旨のハーバーマスの議論を引用しました（注7）。一見、過去の罪に向き合うドイツの謙虚な姿を示しているように見えますが、ドイツの記憶文化を受け入れなければ市民にはなれないという入場制限をかけているようにも読める。

このように「上から目線」で、ドイツの記憶文化を現代の「踏み絵」にすることをいまだにつづけていることが、ドイツ現代史研究の取り返しのつかない過《あやま》ちだと私は思います。

また、ドイツのナチズム時代の「悪」は、もちろんドイツ国内でも展開されましたが、ポーランド、チェコスロバキア、ハンガリー、ベラルーシ、ウクライナなどの中東欧地域やソ連で起こした暴力も圧倒的なすさまじさがあります。なおかつ、それはスターリンからのさまざまな暴力と重ね塗りのようにして地元の人びとに深く刻まれていたのです。ソ連もまた、当時は支配下にあったウクライナで「ホロドモール」と呼ばれる飢餓を引き起こし、少なくとも三〇〇万人を超える人びとが亡くなっています。多くのナチス協力者を迫害しましたし、二万二〇〇〇人といわれるポーランド人将校らの虐殺事件（カティンの森事件）も起こしています。ウクライナ人とポーランド人のあいだでも虐殺が互いに繰り広げられています。にもかかわらず、ドイツ現代史研究者は「ドイツの東欧への侵略は過ちだった」というふうに、狭い範囲の「歴史記憶」では正しいことをいっても、別の視点から中東欧の多方向的な暴力の歴史を見きれていないのです。

それはパレスチナ問題の軽視にもつながっています。「ドイツがイスラエルを支持するのにロビーは必要ない。ドイツの政治家は圧力がなくても自発的に『親イスラエルだ』と言うからだ」(レアンドロス・フィッシャー)とも指摘されています(注8)。もちろんドイツはパレスチナ難民への援助もしてきたのですが、イスラエルとの関係がさきほど述べたように別格扱いである以上、イスラエルのパレスチナへの暴力について論じることはタブー視されてしまったのです。

「アウシュヴィッツは唯一無二の悪だ」

そもそもイスラエルは、ナチスによってユダヤ人が迫害された時代に国家として存在していませんでした。その後に生まれたイスラエルが、ユダヤ人虐殺の賠償をドイツに求めることは、国際法上、通常は認められません。それを例外的に認める「論理」が、ユダヤ人虐殺の世界史における「唯一無二性」だといわれています。

どういうことかというと、ハーバーマスや彼を支持する歴史家たちは、「アウシュヴィッツは一度もこの世界で起きたことのない唯一無二の悪だ」と主張しました。たしかに「唯一無二」だったと私も思いますが、唯一無二といえるような暴力は、ほかにも世界中にあった。それらを意図的に軽視しながら、「アウシュヴィッツは唯一無二だ」ということは、イスラエルのパレスチナ人に対する暴力を正当化する論理に巻き込まれてしまうことになります。

先述した「第二の歴史家論争」で「ドイツのカテキズム」を提起したモーゼスの論文は、やや議論の展開の仕方が乱暴なところもありますが、ナチズムの悪を相対化することなく比較する道筋を示しています。モーゼスが指摘したカテキズム、つまりドイツの「思考の硬直化」について読むと、これがあまりにもドイツに強すぎたことが今のパレスチナ問題の軽視をもたらしているのではないか、と私には思えます。そのカテキズムは、次の五つの信念からなると彼はいいます。

「ドイツのカテキズム」

（1）ホロコーストが唯一無二であるのは、それが「ユダヤ人絶滅のためにユダヤ人たちを無制限に殺戮すること」を目標としたからであり、それは、そのほかのジエノサイドが、プラグマティックでかぎられた目標のために遂行されたのとは異なる。ホロコーストは、歴史上はじめて、ひとつの国家が、ひとつの民族をただイデオロギー的理由から抹殺《まっさつ》しようとしたのである。

（2）ホロコーストは、人間相互の連帯を破壊したので、文明の破断としてのホロコーストを追憶することは、ドイツのみならず、高い頻度においてヨーロッパ文明の道徳的基盤さえ形成する。

ハーバーマスやフライは「文明」という言葉をよく使いますが、「文明」の歴史を無批判に是認することこそが、文明の名の下におこなわれてきた植民地主義の収奪を軽視してしまうと私は考えます。

（3）ドイツは、ドイツのユダヤ人に特別な責任を負っており、イスラエルには特別な忠誠が義務づけられている。

（4）反セム主義とは、ほかとは類型を異にした偏見とイデオロギーであり、特別にドイツ的な現象であった。それは人種主義と混同されてはならない。

ここでの反セム主義とは「反ユダヤ主義」と訳されることの多いAntisemitismの訳です。「セム」とは、言語学の「セム・ハム語族」概念を歪《ゆが》めて利用した人種学の使い分けで、ここではユダヤ人はヨーロッパ人ではなく、アラブ語を話す人びとと同様の分類にされます。もちろんここではユダヤ人への軽蔑のまなざしが、中東のアラブ人へのまなざしと重なっています。しかし、第Ⅰ・Ⅲ部で岡さんのおっしゃるように、この語はシオニストたちも利用します。自分たちのパレスチナでの暴力を正当化するために自分たちはセム人である、と自己規定したのです。

（5）反シオニズムは反セム主義である。

現在のウクライナ、ベラルーシ、ポーランドなどで迫害にあったユダヤ人たちが、新天地に入植して自分たちの国家をつくろうとする運動、一般的にはパレスチナへの入植を進める運動をシオニズムと呼びますが、その実態は多様です。シオニストによって多くのパレスチナ人たちが殺されたり、故郷から追放されたのですが、ここでいわれているのは、そのようにシオニズムを批判すること自体がユダヤ人への攻撃である、という考え方です。

私が国内外のドイツ史研究者たちと関わった経験のなかでも、シオニズムという言葉は何度か耳にしてきましたが、パレスチナという言葉を聞いたことはほとんどありません。カテキズムがドイツであまりに強いことと、「人文学の死」は近い問題ではないでしょうか。

たとえば、ベルリンでイスラエルを批判するデモに加わっている若い知人に話を聞いたところ、ドイツ警察はイスラエルを批判する人びとを次々に逮捕して勾留《こうりゅう》しているそうですし、ヴェストファーレン州では、警察から学校の先生に通知が出され、イスラエルを批判したり、ハマスを支持したりする子どもを通報することが奨励されています。その知人はまるでナチス時代のようだ、と言っていました。また、ノーベル賞受賞者を多数輩出しているマックス・プランク研究所に客員で訪れた人類学者のガッサン・ハージも、イスラエルのパレスチナ・ガザ地区への攻撃に反対する主張を表明したところ、ドイツの一部メディアによって事実が歪められ、「反ユダヤ主義」というレッテルを貼られて攻撃された結果、客員教授の地位を追われることになりました。

また、二〇一八年にドイツで設立された「反セム主義情報・研究施設連邦同盟」のホームページでは、何日の何時にどこでどんな「反セム主義」的な言説があったのかを報告して分析し、公開しています。目を覆《おお》うようなユダヤ人差別の言動が多数報告されていますが、なかには、イスラエルがガザでおこなっている暴力をナチスの暴力に喩《たと》えることや、「シオニスト」という言葉を使って批判すること、そのような機会の多い集会自体が非難すべきものとして扱われがちであり、かなり危うい状況だと思います。

奴隷制は終わっていない

さて少し話題を変えます。以上のような見方は、パレスチナにおける入植植民地主義に加えて、ヨーロッパ全体の詐欺《さぎ》的といえるようなさまざまな暴力を軽視してしまうことにもつながると思います。

私たちは高校の歴史の教科書で、リンカーンの奴隷解放宣言をひとつの象徴として、「奴隷は解放された」「奴隷制はなくなった」と教えられます。しかし、コロナ禍で明らかになったのは、低賃金労働者や五〇〇〇万人といわれる現代奴隷――賃金を与えられず、身体拘束を受け、性奴隷あるいは農業奴隷にされる人びと――が中東欧やインド、東南アジア、世界中の難民キャンプから供給されていたという現実でした。これは私の考えではなくて、国連組織ＩＬＯ（国際労働機関）と関連ＮＧＯが報告していることです。奴隷制は終わってなどいないのです。

この現代奴隷市場は、難民キャンプができればできるほど活況を呈《てい》します。たくさんの性奴隷の女性たちが勧誘され、西欧や日本に連れてこられている。このように長くつづく触れたくないことを見て見ぬふりをしながら、西欧の「文明」を大事にするという態度に、私はものすごい欺瞞《ぎまん》を感じています。

シオニズムも、西欧植民地主義が結晶化したものということもできます。東洋の小さな帝国であった日本も例外ではありません。かつて日本が中国東北部につくりあげた傀儡国家である満洲国には、日本から「未開の地を切り拓く」ために農民たちが海を渡ってきましたが、そこにはすでにきれいな田んぼがあったといわれています。なぜでしょうか？　朝鮮半島からの移民たち、場合によっては日本の植民地主義のなかで追われた人びとが土地を切り拓いていたからです。その土地を二束三文で買い叩き、武力で奪い、日本の貧農を入植させるということをやりました。そのとき、中国人や朝鮮人は武器を持って抵抗、開拓村を襲撃しました。そんな彼らを日本人は「土匪《どひ》」「共匪《きょうひ》」と呼び、彼らの暴力が憎いからといって、銃を持って入植を進めていった。これはパレスチナでユダヤ人がやっていることと重なります。

一九二二年にイギリス植民地省が発行した「ユダヤ人の民族郷土の創出は、パレスチナにおけるアラブ人住民の言語や文化の消滅や従属化を意図するものではない」というチャーチルの「白書」に対し、アラブ代表団は「ユダヤ人の民族郷土の創出を意図すれば、パレスチナにおけるアラブ人住民の言語や文化の消滅や従属化がもたらされる」と回答しました。結局、この回答のようになったことは、後世の歴史が伝える通りです。

経済の問題、労働の問題としてのナチズム

これらをふまえると、ナチス研究者はナチスと十分に向き合えていなかったのではないかという反省に行き当たります。

たとえばアウシュヴィッツ強制収容所は、第一、第二収容所だけではありません。その近くには、IGファルベン（合成ゴム工場）やクルップ、ジーメンスの工場群があった第三収容所（モノヴィッツ）がありました。収容した人びとを労働させていたわけですが、現在予算の関係上展示はできていません。当時の企業は合併などを経て今も存在していて、

軍需とも密接に関わっています。このような歴史への向き合い方が足りないと思います。ちなみに、ナチス研究は、一九八〇年ごろから「経済」の視点が弱くなりはじめます。マルクス主義経済学の研究者が減ったことも背景にあるかもしれません。表象、文化、政治という観点も大事ですが、経済史のなかにナチズムを位置づけられないことは大きな問題だと思います（最近ようやく、アダム・トゥーズがナチスの経済史を執筆して、世界的に高く評価されました。日本語でも翻訳されていますのでぜひお読みください）（注9）。経済と暴力というテーマは、さきほど申し上げた奴隷制問題とも関わってきますし、イスラエルがパレスチナの人びとを極端な低賃金労働者としてしか見ていないこと、また、西ドイツとイスラエルの関係にも経済の問題があります。

ウクライナの戦争が、たくさんの犠牲者を出しつづけてもなお終わらない状況に心を痛めている人がいらっしゃると思います。私もそのひとりですが、この戦争が起こったとき、一体どこの株価が上がったのかをご存じでしょうか。潜水艦やボーイングなどの戦闘機の企業の株価が爆上がりしたことは想像に難くないですが、穀物メジャーの株価も高騰しました。世界の穀物は、その七割以上が、アメリカに本社を置くアーチャー・ダニエルズ・ミッドランド（ADM）、カーギル、コナグラ、ブンゲ（オランダで設立）や、フランスで設立され現在はオランダに本社を置くルイ・ドレフュスなど欧米の大手に独占されています。これらの企業は穀物を倉庫におさめ、世界を巻き込むような大事件が起きて穀物価格が上がるタイミングを見計らって売りに出し、莫大な利益を上げていることがわかっています。

もちろん、巨大企業は、戦争で儲《もう》けているだけで、儲けるために戦争を起こそうと画策しているわけではないでしょう。おそらく、これまで国際社会で築き上げられてきた、「これを越えそうになると戦争が起こる」という漠然としたラインが想定されているはずです。国際機関や各国の外交従事者たちは、そのラインの状況を知るために膨大な情報活動をしているわけです。穀物の企業もそれは変わりません。ラインが踏み越えられそうになれば、紛争が起きやすくなるのですから、情報収集と分析は企業の命運を左右する。昔から穀物メジャーは自前のメディアをもったり、メディアと深い関係を築いたりし、当然政治家とも深い関係にあり、アメリカでは積極的にロビー活動もします。正確な情報さえあれば穀物メジャーは利益を得ることができるんです。私は陰謀説を唱えたいわけではありません。ただ、ある場所で紛争が起きれば、特定の人たちがきちんと儲かるというシステムのなかを私たちが生きているということは覚えておいてよいのではないかと思います。

経済という視点を重視すると、いわゆる収容所の暴力についても少し違った見方ができます。その統括にあたったナチスの親衛隊は収容所で軍需産業や採石、繊維やハーブティーなどたくさんの企業を運営し莫大な利益を得ていました。また、ナチスによって建設された収容所は、アウシュヴィッツだけではありませんし、それが中心でさえありません。たとえばクロアチアのヤセノヴァツ強制収容所には私も行きましたが、ここではユダヤ人よりもセルビア人がたくさん殺されました。ロマの被害者が多いことも特徴です。

さらに、三〇〇万人のソ連捕虜をはじめ、多くのスラヴ人が餓死させられました。この死をもたらした作戦計画「飢餓計画 Hungerplan」については、最近になって研究が動きはじめていて、日本ではまだほとんど誰もおこなっていません。私も何回か書籍で論じてきましたが、ここ数年で本格的に調査をはじめたばかりです（第Ⅱ部で詳しく述べます）。

そもそも収容所には、南アフリカにイギリスがつくった強制収容所やソ連の収容所群島など、さまざまなものがあります。収容所はつねに人体実験の対象であり、栄養学者は「被収容者をぎりぎり生かすための実験」をしていました。ただ殺すということ以上に、労働者として生命維持ぎりぎりの食事を与えて働かせ、病気になれば殺すという、労働を通じた虐殺がおこなわれていたのです。労働問題としての強制収容所の問題にもっと目を向けていくべきだ、というのが私の考えです。第一次世界大戦前、結核菌やコレラ菌を発見し、公衆衛生の基礎を築いた西洋文明の象徴であるローベルト・コッホ（細菌学者）が、アフリカで眠り病（トリパノソーマ病）の患者たちを隔離して収容し、人体実験のようなことをしていた事実も磯部《いそべ》裕幸《ひろゆき》さんの『アフリカ眠り病とドイツ植民地主義』という研究で明らかにされています（注10）。

さらにいえば、ＥＵは、現代奴隷制資本主義の罪、現代の「地球規模の身分制社会」ともいうべきものときちんと向き合えていません。身分制のヒエラルキーの大部分が固定され、生まれた地域で労働し、死んでいく人びとがいる一方で、富を独占してタックスヘイブン（租税回避）をしている大金持ちがいる、という越えられない壁が世界全体につくられています。欧米諸国は、この世界規模の身分制を維持しようとしています。

ガザでは、電気が止まるので下水が処理できず、海洋汚染がもたらされ、地下水も汚染されています。また、第Ⅱ部であらためて触れますが、イスラエルはガザの農地に除草剤をまくことまでやってきました。私たちはここでヴェトナム戦争や水俣《みなまた》病事件を思い出せるはずなのに、そうしていないということを考えなければいけないと思います。

イスラエル人の政治経済学者サラ・ロイは『ホロコーストからガザへ』という本のなかで「イスラエルはホロコーストと向き合ってこなかった」と述べました(注11)。しかしこれまでお話ししてきたように、じつはドイツも、ホロコーストと向き合えていないのではないでしょうか。もし真剣に向き合えていれば、ドイツ現代史研究者や哲学者はコソボの空爆を支持しなかっただろうし、長年のイスラエルの民族浄化を自分たちの研究の言語から批判できただろうと思います。

以上のことは、ナチスの罪を相対化するものではありません。ナチスの罪がどれだけ深いかをもっと知るということです。さまざまなナチス的な、あるいはそれにつながるような世界的な現象を無視または軽視したことによって、ナチスの罪を相対化しているのは、むしろドイツの「記憶文化」を今でも死守しようとしている人たちなのではないでしょうか。そして、日本に暮らし歴史を学ぶ私にも、この現実と、鏡を見るようにして向き合っていく重い作業が今後課されています。

【注】

（1）板橋拓己「ドイツとイスラエルの『和解』――道義と権力政治のはざまで」『アジア太平洋研究』三九号、成蹊大学アジア太平洋研究センター、二〇一四年

（2）武井彩佳「ドイツとイスラエルの和解とパレスチナ問題」SYNODOS、二〇一三年十月八日。https://synodos.jp/opinion/international/5768/（最終閲覧日二〇二四年二月十日）

（3）藤原辰史『農の原理の史的研究――「農学栄えて農業亡ぶ」再考』創元社、二〇二一年

（4）Tatsushi Fujihara, Colonial Seeds and Imperialist Genes: Japanese Colonial Agricultural Development and the Cold-War Green Revolution, Hiromi Mizuno; Aaron S. Moore; John DiMoia (eds.), *Engineering Asia: Technology, Colonial Development and the Cold War Order*, Bloomsbury, 2018.

（5）A. Dirk Moses, The German Catechism, *Geschichte der Gegenwart*, May 23, 2021. https://geschichtedergegenwart.ch/the-german-catechism/（最終閲覧日二〇二四年五月十五日）

（6）Norbert Frei, Zangenangriff von rechts und links, *Süddeutsche Zeitung*, January 14, 2024. https://www.sueddeutsche.de/kultur/deutsche-erinnerungskultur-geschichte-kritik-norbert-frei-55-voices-1.6332004?reduced=true（最終閲覧日二〇二四年五月十五日）

（7）Norbert Frei, Germany, the Holocaust, and the post-colonial challenge, *Alfred Landecker Foundation*, February 1, 2022. https://www.alfredlandecker.org/de/article/germany-the-holocaust-and-the-post-colonial-challenge（最終閲覧日二〇二四年五月十五日）

（8）レアンドロス・フィッシャー（聞き手 念佛明奈）「ドイツ、忘れかけた羞恥心『歴史に学び、親イスラエル』の深層」毎日新聞、二〇二四年二月五日付夕刊

（9）アダム・トゥーズ（山形浩生＋森本正史 訳）『ナチス　破壊の経済――一九二三‐一九四五』みすず書房、二〇一九年

（10）磯部裕幸『アフリカ眠り病とドイツ植民地主義――熱帯医学による感染症制圧の夢と現実』みすず書房、二〇一八年

（11）サラ・ロイ（岡真理＋小田切拓＋早尾貴紀 編訳）『ホロコーストからガザへ――パレスチナの政治経済学』青土社、二〇〇九年

【参考文献】

・石田勇治『過去の克服――ヒトラー後のドイツ［新版］』白水社、二〇二三年
・岡真理『ガザに地下鉄が走る日』みすず書房、二〇一八年
・岡真理『ガザとは何か――パレスチナを知るための緊急講義』大和書房、二〇二三年
・シドハース・カーラ（山岡万里子 訳）『性的人身取引――現代奴隷制というビジネスの内側』明石書店、二〇二二年
・エドゥアルド・ガレアーノ（大久保光夫 訳）『収奪された大地――ラテンアメリカ五百年』新評論、一九八六年／藤原書店、一九九七年
・木村元彦『終わらぬ「民族浄化」セルビア・モンテネグロ』集英社新書、二〇〇五年
・木村元彦『新版　悪者見参――ユーゴスラビアサッカー戦記』集英社文庫、二〇一八年
・木村元彦『コソボ　苦闘する親米国家――ユーゴサッカー最後の代表チームと臓器密売の現場を追う』集英社インターナショナル、二〇二三年
・エドワード・W・サイード（杉田英明 訳）『パレスチナ問題』みすず書房、二〇〇四年
・武井彩佳『〈和解〉のリアルポリティクス――ドイツ人とユダヤ人』みすず書房、二〇一七年
・鶴見太郎「ガザを徹底攻撃する三つの背景と歴史的教訓」『教養学部報』第六五二号、東京大学教養学部、二〇二四年二月一日
・橋本伸也『記憶の政治――ヨーロッパの歴史認識紛争』岩波書店、二〇一六年
・橋本伸也編『せめぎあう中東欧・ロシアの歴史認識問題――ナチズムと社会主義の過去をめぐる葛藤』ミネルヴァ書房、二〇一七年
・橋本伸也編『紛争化させられる過去――アジアとヨーロッパにおける歴史の政治化』岩波書店、二〇一八年
・橋本伸也「『歴史』の書かれ方と『記憶』のされ方――人々はなぜ過去をめぐって諍いを起こすのか」『歴史評論』八七一号、歴史科学協議会、二〇二二年
・バシール・バシール＋アモス・ゴールドバーグ編（小森謙一郎 訳）『ホロコーストとナクバ――歴史とトラウマについての新たな話法』水声社、二〇二三年
・J・ハーバーマス＋E・ノルテ（三島憲一 他訳）『過ぎ去ろうとしない過去――ナチズムとドイツ歴史家論争』人文書院、一九九五年

・イラン・パペ（田浪亜央江＋早尾貴紀 訳）『パレスチナの民族浄化――イスラエル建国の暴力』法政大学出版局、二〇一七年
・藤原辰史「食権力論の射程」服部伸 編『身体と環境をめぐる世界史――生政治からみた「幸せ」になるためのせめぎ合いとその技法』人文書院、二〇二一年
・藤原辰史「世界犠牲システムの形成と肥大」『岩波講座　世界歴史　第二一巻　二つの大戦と帝国主義II　二〇世紀前半』岩波書店、二〇二三年
・丸山浩明『アマゾン五〇〇年――植民と開発をめぐる相剋』岩波新書、二〇二三年
・ラシード・ハーリディー（鈴木啓之＋山本健介＋金城美幸 訳）『パレスチナ戦争――入植者植民地主義と抵抗の百年史』法政大学出版局、二〇二三年
・Christian Gerlach, *Der Mord an den Europäischen Juden: Ursachen, Ereignisse, Dimensionen*, C. H. Beck, 2017.（二〇一六年に刊行された英語版のドイツ語訳。訳者はMartin Richter）
・Masha Gessen, In the Shadow of the Holocaust, *The New Yorker*, December 9, 2023.

II

小さなひとりの歴史から考える

第Ⅱ部は、二〇二四年二月二十八日にミシマ社が開催したオンラインイベント「中学生から知りたいウクライナのこと――侵攻から二年が経って」における、小山哲、藤原辰史の歴史講義を再構成したものです。

ある書店店主の話
――ウクライナとパレスチナの歴史をつなぐもの

小山哲

ふたつの戦争のつながり

みなさん、こんにちは。京都大学の小山哲です。

二〇二二年二月にロシアのウクライナへの本格的な侵攻がはじまってから、私は、藤原辰史さんとこの戦争についてオンラインで対談しました。それをもとにつくられた本、『中学生から知りたいウクライナのこと』は、その年の六月に刊行されました。この本で語られている出来事が一刻も早く終わってほしいと願ってきましたが、たいへん残念なことに、ウクライナの戦争は三年目に入ってしまいました。「戦争をはじめることは簡単だが、終えるのはとても難しい」と言われますが、その典型のような戦争だと思います。

さらに、二〇二三年の十月には、パレスチナでも激しい戦争がはじまりました。複数の文化、社会が交わっている地域を、歴史学では「境界域」と呼ぶことがあります。ウクライナも、パレスチナやイスラエルも、歴史的に、さまざまな文化が交じりあってきた地域です。ヨーロッパから見ると、東に位置するふたつの境界域で、今同時に非常に大規模な戦争がつづいている状態です。

しかも、たんに同時に進行しているというだけではなく、いろいろなかたちで結びついて進んでいる。

ただ、問題は、このふたつの戦争のつながり方をどういうふうに捉えるのか、というところにあるような気がしていまして、今日はそういう角度からお話をします。

長い尺度で問題を捉える

戦争の典型的な捉え方として、今存在する国際的な同盟関係や対立関係のなかに位置づけるという考え方があります。国家の外交政策のレベルでみると、NATO中心の欧米諸国や日本では、ロシアの侵攻に対してはウクライナを支持し、ガザをめぐってはイスラエルの自衛権を支持する立場が優勢です。

たとえば、ウクライナのゼレンスキー大統領も、ハマスが越境攻撃をおこなった直後に、イスラエルの自衛権を支持するという声明を出しました（その後、グローバルサウス諸国の支持を失うことを懸念して、多少の軌道修正を図りましたが）。また、アメリカの議会では、ウクライナへの軍事支援、イスラエルへの軍事支援、そして台湾への支援、この三つの問題がパッケージのようにして審議されています。

これに対して、国際社会の世論では、イスラエル軍のガザへの攻撃はジェノサイドにあたるとして南アフリカが国際司法裁判所に提訴したことが示すように、むしろイスラエルの軍事行動を非難する動きが世界の各地で高まりつつあります。

ところで、私の専門は国際関係論ではなくて歴史学ですので、このふたつの戦争は、私の頭のなかでは、いわゆる「西側」諸国の政府レベルにおいて優勢な見方とは少し違ったかたちで結びついているのです。

その理由は、歴史学が、今現在の同盟関係のなかではなく、もっと長い時間の尺度で問題の原因を考えていく分野だからだと思います。そのような立場にたって考えると、現在メディアでおこなわれている説明には、時間の捉え方、また、それにともなって空間の捉え方に、問題があるのではないかと感じます。

大きな問題を短い尺度で捉えてしまうと、歴史的な文脈が見えず、かえって何が起こっているか、物事の本質を捕まえ損ねるのではないかと思うのです。

ウクライナでの全面的な戦争は、二〇二二年二月二十四日にロシアが本格的な軍事侵攻をウクライナに対しておこなったことからはじまりましたが、その前に歴史があるわけです。二〇一四年二月には、キーウの広場に人びとが集まり、ロシアの圧力に対して抗議の声を上げる「マイダン革命」が起こりました。その翌月、ロシアはクリミアに軍事介入し、一方的に併合します。もっとさかのぼると、一九九一年にソ連が崩壊してウクライナが独立した前後からのロシアとウクライナの関係が、現在の状況を生みだしているとも言えます。さらに、ウクライナの民族運動に対するロシアの抑圧の歴史まで考えると、十九世紀までさかのぼる経緯があります。二〇二二年二月二十四日から説明をはじめたのでは、この戦争の本質は捉えられません。

同じことは、今ガザで起こっている戦争についても言えます。

二〇二三年十月七日のハマスによる越境攻撃を起点としてこの戦争を考えてしまうと、間違った認識を生み出しかねません。もっと大きな時間の幅で、イスラエルの建国、あるいは、建国に至るまでの歴史的経緯もあわせて考えないと、なぜこの地域で激しい戦争が起こっているのか理解するのは、非常に難しいと思います。

それと、今メディアでおこなわれている説明の仕方にはもうひとつ問題があって、欧米諸国や日本があたかもこれらの戦争の「外部」に位置しているように見えてしまっているんですね。

たしかに、砲弾が飛び交っている場所はウクライナ東部・南部やガザ地区であり、NATO諸国の国民や日本の私たちは空間的にはその外にいます。でも、歴史をさかのぼって見ていくと、現在のヨーロッパのすべての国がふたつの戦争につながる原因になんらかのかたちで関与してきたと言ってもよいのです。アメリカ合衆国もそうですし、じつは日本もそうです。特にパレスチナの問題に関しては、あとで述べるように、日本の二十世紀の歴史のなかに、見逃すことのできない接点があります。

ポーランド書店　E.ノイシュタイン

これから、ウクライナとパレスチナの関係をめぐって少し立ち入った話をしますが、私自身は、今言ったような問題について、以前から自分の歴史研究のなかで深く考えてきたわけではありません。じつは、これからお話しすることは、ガザでの戦争がはじまってから考えはじめて、今まだ勉強しているところなのです。

私はイスラエルに行ったことはありませんし、パレスチナ人の友人もいなくて、そういう意味ではパレスチナの問題と自分は直接的には関係がないように思ってきました。ただ、思い返してみると、私はイスラエルの大都市テルアビブにあったある本屋さんと個人的に取引をしていたことがありました。

ずいぶん昔の話で、一九八〇年代から一九九〇年代のはじめにかけて、私が大学院に進学して本格的にポーランド史の研究をはじめたころのことです。その書店から毎月のようにカタログを送ってもらって、自分の買いたい本を注文するというやりとりをしていました。インターネットのない時代なので、手紙をタイプライターで打ち、本の代金と一緒に郵便で送るというとてもアナログな関係でしたけれど。

本屋さんの名前は「ポーランド書店　E.ノイシュタイン」といいます。なぜポーランドの研究をするのに、イスラエルの書店から本を買わなければならなかったかというと、一九八〇年代はまだ冷戦の時代で、壁の東側の社会主義国であったポーランドの国内にある書店に私が直接注文して買うことはできなかったんです。日本に社会主義圏の出版物を扱う取次店がありましたが、ポーランドの本については十分な情報を得られず、本当に必要なものは手に入らない状態でした。

私は一九八六年から二年間ポーランドに留学したのですが、そこでもふたつの限界がありました。ひとつは、ヨーロッパの東西の壁の西側にあった「亡命系のポーランドの出版社」の出版物を読めないということ。もうひとつは、第二次世界大戦が終わって社会主義体制が成立するよりも前に刊行された本については制限があって、古書店で買っても簡単には国外に持ち出せず、自分のものにできなかったんですね。

でも、このテルアビブのポーランド書店は素晴らしくて、亡命系出版社の本も第二次大戦前の古本も扱っていたんです。もしこの店がなかったら、私は必要な本を揃えることができず、ポーランド史の研究者になれなかったかもしれません。

それぐらい大事な存在だったのですが、私はその後長いあいだ、なぜこの書店がイスラエルにあるのかということを深く考えてみようとしませんでした。というより、それが考えなければいけない問題だということに、気がついていなかったんだと思います。

今回、ガザで大きな戦争が起こり、この出来事が自分のこれまでの生活とどんな点でつながっているのだろうか、といろいろ考えているうちに、いったいなぜ、あの本屋さ

ポーランド書店　E. ノイシュタインのカタログ（小山撮影）

カタログの封筒

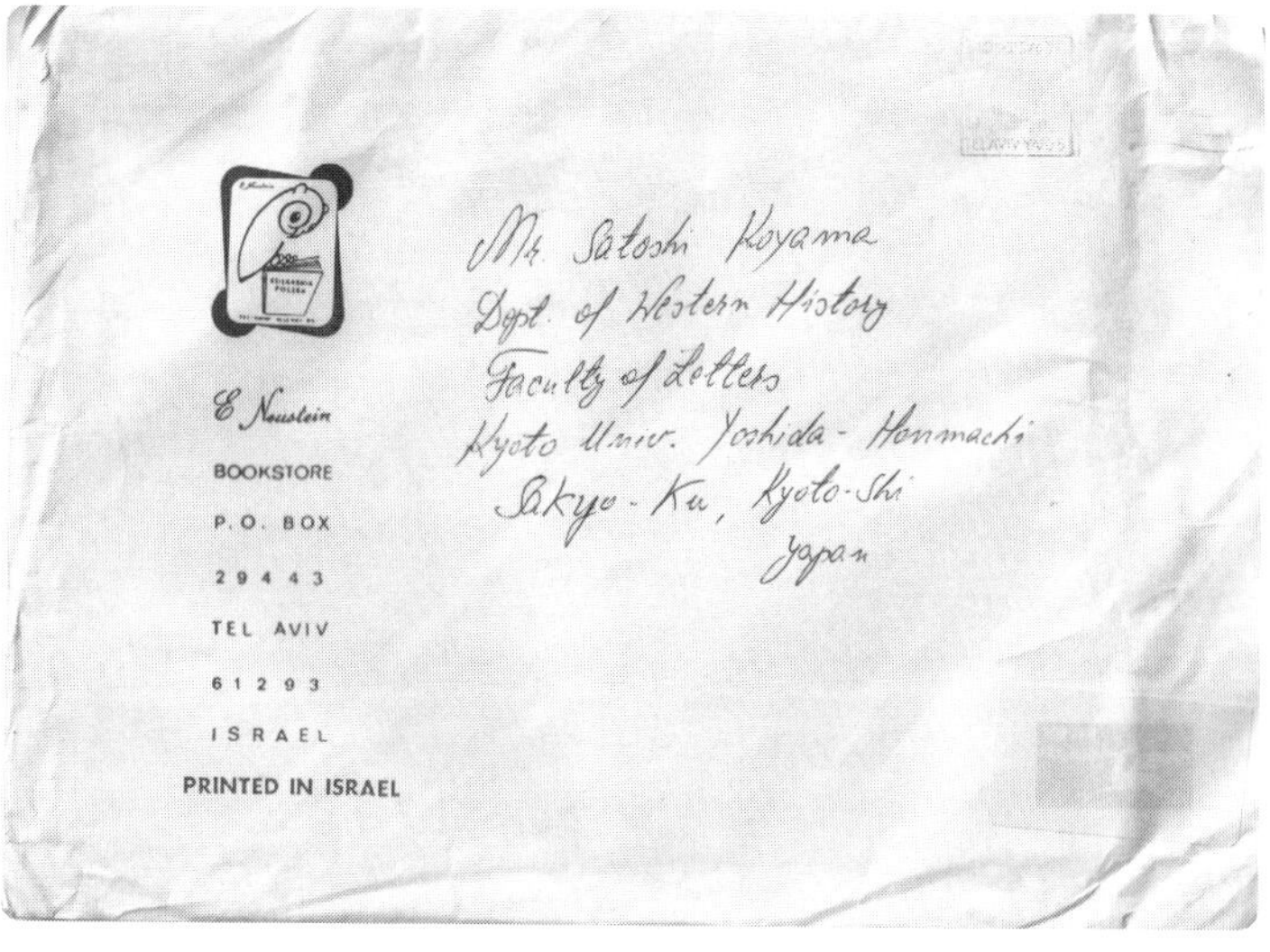

んがテルアビブにあったんだろうかという疑問が湧いてきました。そこで店主のエドムンド・ノイシュタインという人の生涯をたどってみると、じつは大きな問題が背景にあるということに気がつきました。

ウクライナ - ポーランド - イスラエルを結ぶ生涯

ノイシュタインは、一九一七年、ちょうどロシア革命が起こった年に、ドロホビチという町で生まれました（注1）。これは現在のウクライナ西部にある町です。第一次世界大戦が終わった一九一八年にポーランドが独立を回復したのち、この町はポーランド領内に位置することになりました。

一九三九年九月、ソ連とドイツが東西からポーランド領に侵入して、第二次世界大戦が勃発します。ノイシュタインは若いころから書店業を営んでいたようですが、ソ連側が占領した地域に住んでいたので、一九四一年に独ソ戦がはじまるとソ連軍に動員され、負傷もしたようです。

第二次世界大戦の終結にともなって新しい国境線が引かれ、それに合わせて住民の強制移住がおこなわれて、彼はポーランドに住むことになりました。一九四五年にカトヴィツェという、現在のポーランド南西部の都市で書店を開きました。この都市名はあとでもう一度出てくるので、ちょっと記憶に留めておいてください。

一九四九年に家族とともに首都ワルシャワに移り、そこでも出版に関わる仕事をしたのち、一九五七年にイスラエルに移住します。翌年、テルアビブにポーランドの本を扱う書店を開きました。

「ポーランド書店　E.ノイシュタイン」はどんどん規模を拡大し、本の販売だけではなく、イベントや出版業もおこなって、文化活動の拠点にもなっていきました。書店の活動はイスラエルで高く評価され、一九九四年には世界ベスト書店賞も受賞しています。

ノイシュタインは二〇〇一年に亡くなりました。二〇〇四年には妻アダが亡くなり、この年に書店は閉店しました。現在、書店のあったテルアビブのアレンビー通り九四番地には、「ここにポーランド書店　E.ノイシュタインがあった」というプレートが埋め込まれ、歴史的な場所になっています。二〇二三年には、夫妻の業績を記念して、ポーランド文化センターの図書館が「AとE.ノイシュタイン記念図書館」に改名されました。

さて、今お話ししてきたように、ノイシュタインは、ウクライナ、ポーランド、イスラエルを結ぶ足跡をたどった人でした。このような生涯は、じつは彼ひとりのものではありません。二十世紀に東ヨーロッパで生まれたユダヤ系住民の生涯の、ひとつの典型なのです。

イスラエルをリードした東ヨーロッパ出身者

十九世紀後半から二十世紀後半にかけて、東ヨーロッパの多くのユダヤ人が、故郷を離れて移住しました。彼らの最大の移住先は、アメリカでした。ノイシュタイン一家のように東ヨーロッパからパレスチナに移り住んだユダヤ人は、移住したユダヤ人全体のなかでは少数派ですが、移住先のパレスチナの社会に大きな変化をもたらすことになります。

ユダヤ人たちが移住した動機はいろいろあり、個々にみる必要がありますが、全体として共通する東ヨーロッパ側の状況がありました。いわゆる「反ユダヤ主義」の問題です。

ノイシュタインの場合は、第二次世界大戦が終わって十年以上経ってからイスラエルに移住しています。ホロコーストはもう終わっているはずなのになぜ移住するのだろうか、と思われるかもしれませんが、第二次大戦の前も、後も、東ヨーロッパの社会には

1950・60年代にポーランドからイスラエルへの出国を申請した人数（地域別）

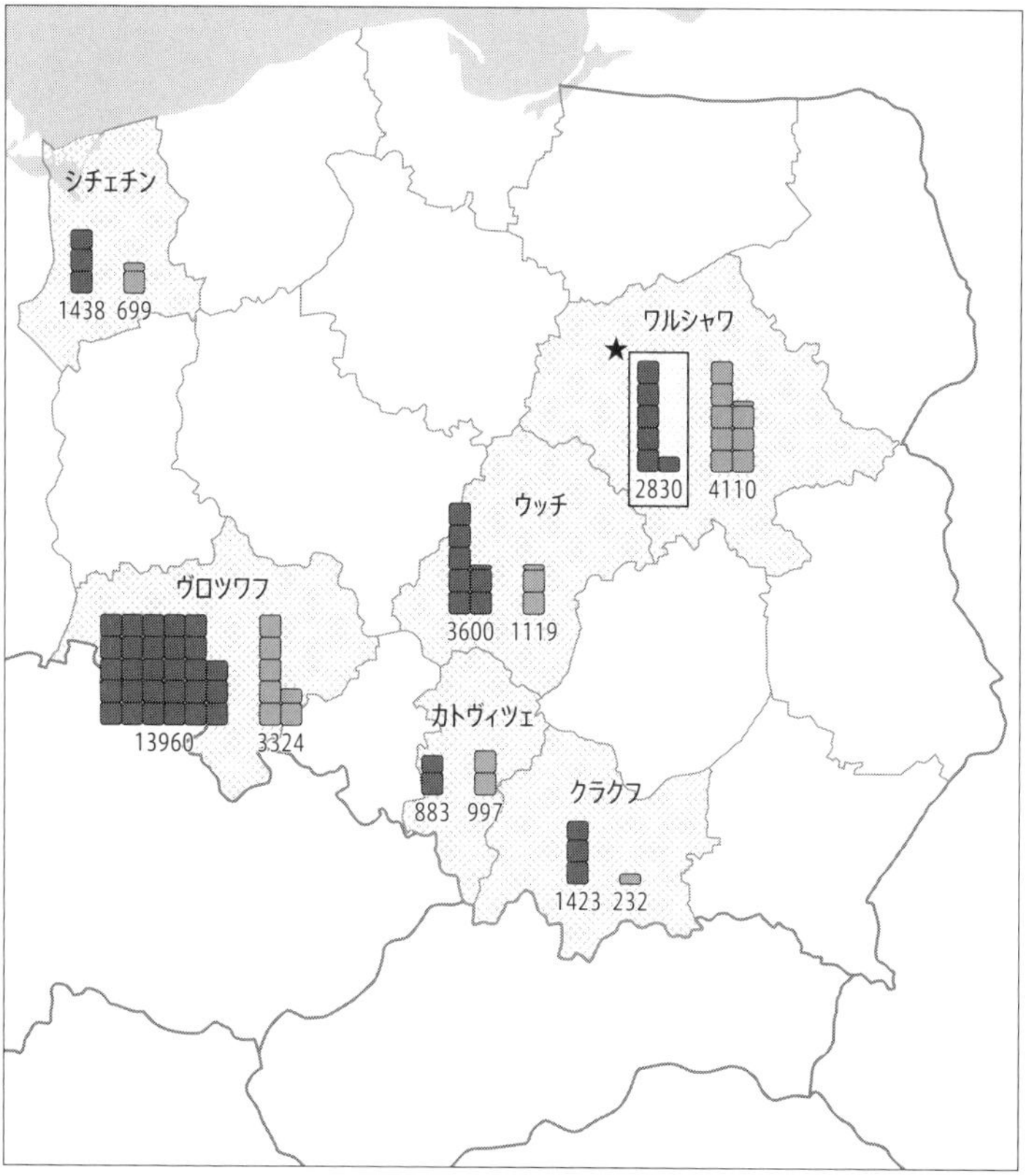

出典：*Atlas historii Żydów polskich*, Demart: Warszawa, 2010, s. 411.

イスラエルへの出国申請者の多かった県

1956年にイスラエルへの出国を申請した人数（13歳以上）

1968年〜69年にイスラエルへの出国を申請した人数

1ブロックは500人を表しています

※申請者の少なかった11県の申請人数の合計は、1956年に501人、1968〜69年に724人。

反ユダヤ主義の風潮がありました。それは、ときによっては、暴力的なかたちで噴出しました。国外に移住する人の多くには、それが耐えられない、そういうところから離れたいという動機があったように思われます。ホロコーストのためにポーランドのユダヤ人人口は激減しますが、大戦後もなお、ポーランドを離れて、イスラエルにかぎらず、世界の各地に移住する人が続出しました。

イスラエルは一九四八年に建国されました。建国当初、ソ連のスターリンはイスラエルに好意的でしたが、東側の陣営に加わらないことをみてとるとすぐに方針転換し、むしろシオニズムを批判する議論がおこなわれるようになります。ポーランドからも、一九五〇年代後半から六〇年代の終わりにかけてイスラエルへの移住の波が何度かありました。ノイシュタインはワルシャワにいたので、地図の★（二〇一頁）に含まれる移住だったのだと思います。

書店があったテルアビブは、二十世紀前半に、ユダヤ人の入植のために、まったく新しく、戦略的につくられた都市でした。ここで一九四八年五月十四日に、イスラエルの「独立」宣言がおこなわれます。宣言を読み上げたベン＝グリオンはイスラエルの初代首相ですが、彼もポーランド生まれで、ワルシャワ大学で学んだ経歴のある人です。

1920〜35年にパレスチナに到着したユダヤ系移民の出身国別人数

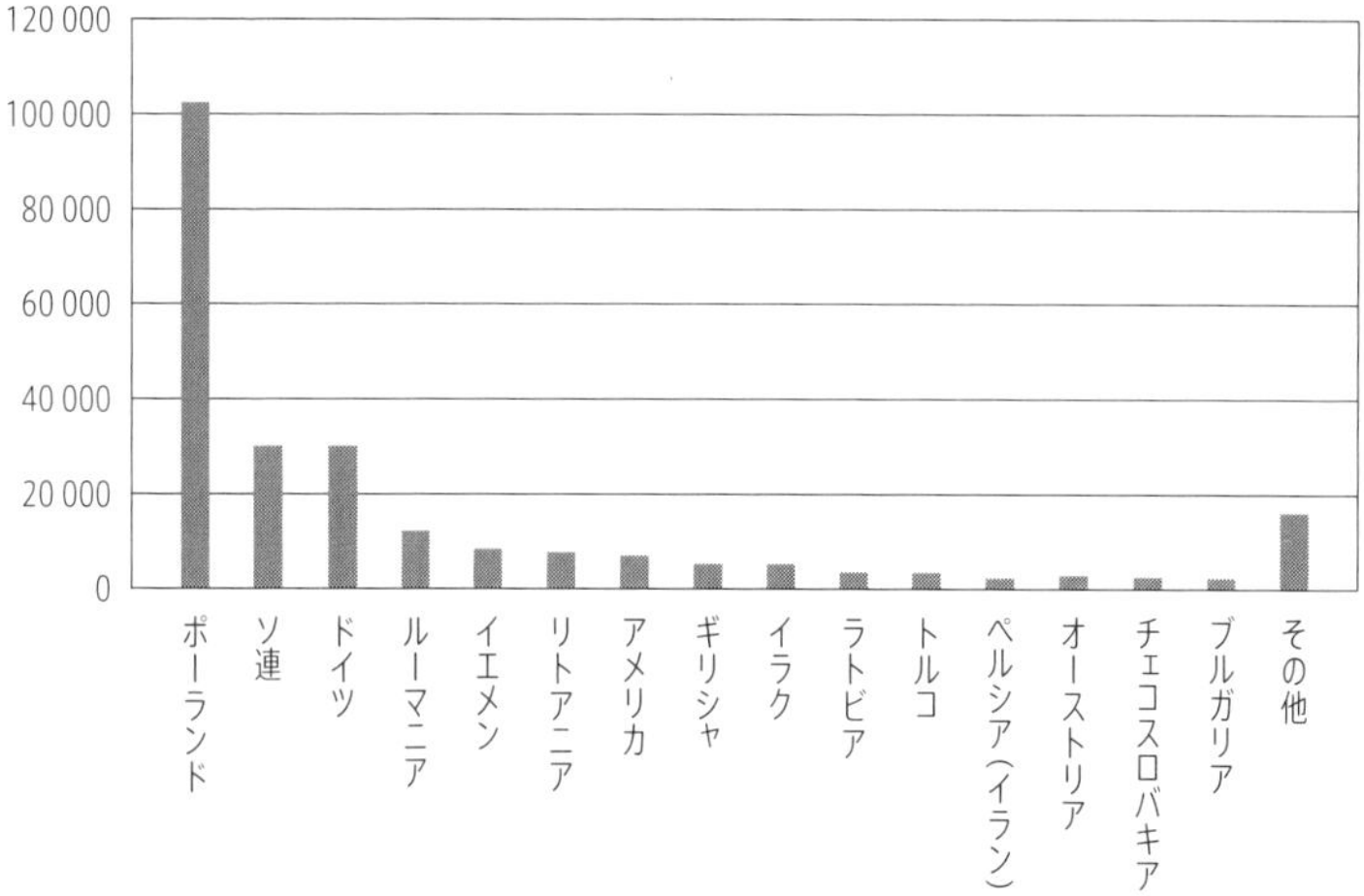

出典：Łukasz Tomasz Sroka, Mateusz Sroka, *Polskie korzenie Izraela. Wprowadzenie do tematu. Wybór źródeł*, wyd. II, Wydawnictwo Austeria: Kraków-Budapeszt-Syrakuzy, 2022, s. 333, Wykres 2.

東ヨーロッパからパレスチナへのユダヤ人の移住は、イスラエル建国以前にはじまっていて、二〇年代から三〇年代前半に最も多くの移住者を出した国はポーランドでした。そのなかのひとりが、メナヘム・ベギン。のちにイスラエルの首相となる人物です。

ベギンはロシア領のブレスト・リトフスク（現在のベラルーシ西部、ポーランド国境沿いにある町）で生まれました。ワルシャワ大学で学び、ベテルという武闘派のシオニスト青年組織の指導者になります。第二次大戦中はソ連領内で拘束され、シベリアの強制収容所でしばらく過ごしました。彼はポーランド国籍をもっていたのですが、一九四一年

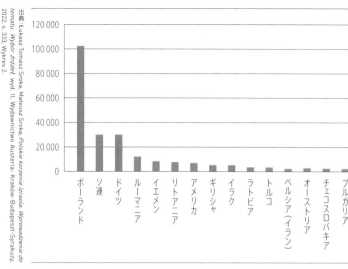

に独ソ戦がはじまると、ポーランド国籍保持者は、連合国側で戦うために強制収容所から釈放され、ソ連領内で軍団を組織します。ベギンもそのなかに入りました。

ポーランド出身者の軍団の一部はソ連領から出て、イランを通り、パレスチナに移動します。このときはユダヤ人だけが行ったのではなく、ソ連を出国した軍団全体がパレスチナに駐留して、訓練を受け、やがて地中海を渡ってイタリア戦線に投入されました。ところが、ベギンは地中海を渡らず、パレスチナに残ります。ユダヤ人武装組織イルグンに加わり、いくつもの大規模な暴力事件に関わりました。そのうちのひとつ、キング・デイヴィッド・ホテル爆破事件（一九四六年）は、イギリスの委任統治政府が置かれていたホテルを爆破したテロ事件で、委任統治政府の職員と民間人九一人が死亡し、イギリスがパレスチナの委任統治から撤退するきっかけのひとつとなりました。一九四八年には、ベギンは、エルサレム近郊にあるデイル・ヤシーン村で、ユダヤ人武装組織が女性を暴行し、住民一〇〇人以上を虐殺した事件にも関与しています。このとき、事件の首謀者たちは犠牲者数を過大に宣伝して恐怖心を煽《あお》り、パレスチナ人が土地を捨てて避難せざるをえない状況をつくりだしました。

ベギンは、イスラエル建国後は、リクードという政党の創始者のひとりになり、一九七七年から八三年にかけて首相を務めました。現在、首相の地位にあるネタニヤフも、リクードの党首です。

イスラエル建国直後の閣僚の約六割が、旧ポーランド・リトアニア、つまり、今のポーランド、バルト三国、ベラルーシ、ウクライナにあたる領域の出身者で、中東欧出身者をすべて含めると七割を超えていました。その後も、歴代のイスラエルの首相は、そのほとんどが、家系的に中東欧とつながりのある人たちで占められています。このような人たちがこの国をつくり、リードしてきたわけです。

建国当初は、中東欧出身者のかなりの割合が、ポーランド語を母語とする人、あるいは、読み書きができる人であったと考えられます。テルアビブにポーランド語の書店ができても十分に経営が成り立つ、社会的な基盤があったということです。

しかし、今私が語ったことは、物事の半面でしかありません。

彼らの「入植」は、土地の買い占めのような経済的手段と、住民の強制追放や集団虐殺のような物理的暴力の行使によって、実行されました。イスラエルの「独立」によって、もともとこの地で暮らしていたパレスチナ住民の四分の三にあたる約七五万人が土地を失い、ふるさとを追われ、難民となりました。一九四八年（イスラエル建国年）は、パレスチナ人から見れば「ナクバ」と呼ばれる最悪の出来事として記憶されています。この側面を決して見落としてはなりません。

「国家なき民族」の国歌

もう少し大きな歴史的文脈で問題を考えることもできます。三つの国の国歌をみてみましょう。ポーランドの国歌、ウクライナの国歌、イスラエルの国歌には共通点があります。どの歌にも、「いまだ滅びず」あるいは「失われず」という表現が出てくるのです。

ポーランドの国歌「ドンブロフスキのマズレク」は、「ポーランドいまだ滅びず、我らが生きているかぎり」という言葉からはじまります。これはどういう意味でしょうか。このもとになった歌は、十八世紀末のポーランド分割によってポーランドが滅んだのちに、国の復活をめざして戦う「ポーランド軍団」の歌としてつくられました。国がなくなっても、ポーランド民族の私たちが生きているかぎり、ポーランドは滅んでいない。そういう考え方です。

ウクライナ国歌「ウクライナは滅びず」もこれと似ていて、「ウクライナの栄光も自由もいまだ滅びず」という言葉からはじまります。十九世紀後半、やはりウクライナという国がない時代に、国をつくろうと考えた人たちがつくった歌です。十七世紀に存在したウクライナ・コサックの国を想起しながら、私たちがいるかぎりあの栄光と自由は滅びないと歌いました。

イスラエル国歌「ハティクヴァ」（「希望」という意味）には、「我らの希望、失われず　二千年の希望とは　自由の民として生きること　シオン、エルサレムの地において」とあります。これはもっと古い時代、旧約聖書の時代までさかのぼって、二千年を経ても失われない希望としての祖国を「シオン、エルサレムの地」、つまり今のパレスチナにもう一度建て直そうというメッセージが含まれています。十九世紀後半に西ウクライナ出身のユダヤ人のナフタリ・ヘルツ・インベルが作詞し、モルドバ出身のサミュエル・コーエンが作曲しました。東ヨーロッパの出身者によってつくられた歌なのですね。

三つの国歌の原曲はいずれも、フランス革命から第一次世界大戦までの「長い十九世紀」と呼ばれる時代に複数の帝国に支配された東ヨーロッパにおいて、自国をもたない人びとが自立と解放を求めてつくった歌です。ポーランド国歌がまずつくられ、その影響を受けてウクライナやイスラエル国歌のもとになった歌の歌詞が生まれたということが研究者によって指摘されています（注2）。

ここでひとつ注意しておかなければならないのは、三つの歌で歌われているそれぞれの民族の過去とのつながりは、これらの歌をつくった人たちがイメージしていた民族の歴史の表現なのであって、近世や古代の歴史の実態そのものではない、ということです。祖国をもてない状況に立ち向かって戦うように人びとを鼓舞《こぶ》するためには、自分たちの民族は過去から途切れることなくつづいてきたのだと信じること、かつては栄光の時代があったのだと過去を理想化して、その栄光を取り戻そうと呼びかけることが重要でした。

他方で、ユダヤ人の民族運動には、ポーランドやウクライナとは異なる側面もありました。ユダヤ教という宗教の信徒であるユダヤ人のなかから、自分たちも「民族」であり、世俗の国家をもつべきであると主張する運動――シオニズム運動――が生まれてきた、という問題です。

シオニズム運動はドレフュス事件より前にはじまっていた

もともと、十八世紀後半にポーランド分割で滅びる前のポーランド・リトアニア共和国には、たくさんのユダヤ教徒が住んでいました。社会のマジョリティはキリスト教徒で、ユダヤ教徒に対する差別は近世からあったということが知られています。ただ、その差別の質は近代以降とは違うものでした。

近世の差別は宗教に関わるもので、「ユダヤ教徒」であることが理由になっていました。ただ、その一方でユダヤ教徒は保護されてもいました。ポーランド王権によって法的特権を与えられ、自治が認められていたのです。キリスト教徒たちは議会をつくって国を統治していましたが、それに対してユダヤ教徒の議会もあり、彼らのなかで意思決定をして生きていける状態だったのです。また、ユダヤ教徒のなかには、少数ですがキリスト教に改宗し、それによって貴族身分に上昇した人もいました。改宗すれば貴族としてポーランド社会の支配身分に入れるわけですから、この差別は宗教上のものであって、血統にかかわるものではなかったことがわかります。

しかし、近代以降、これが「人種的な差別」に転換していきます。十九世紀にもユダヤ教からキリスト教に改宗する人がたくさん出てきますが、改宗しても「あなたはユダヤ人の家系だから」と差別されてしまうのです。人種とは、血統や遺伝的・身体的な特徴によって人類を分類する考え方にもとづく概念です。現在では、人種による分類には科学的な根拠がないことが認められていますが、当時は、生物学的な根拠にもとづく科学的な理論であると受けとめられたこともあって、社会的・政治的に大きな影響力をもちました。人種によって人類を区分し、ヨーロッパ人を最も優れた人種として人類の頂点にすえ、アジア人やアフリカ人を劣等な人種とみなす捉え方は、十八世紀の啓蒙の時代からヨーロッパで唱えられるようになり、十九世紀後半からは生物の進化論とも結びついて、広く流布しました。十九世紀に入ると、ユダヤ人は、ヨーロッパ人とは人種的に異なる「セム人」の系譜に含まれる民族であると位置づけられ、彼らに対する差別が人種論によって根拠づけられていくことになります。

そのような事情があるので、一言で「反ユダヤ主義」といっても時代によって中身が違うのです。ポーランド語では、それを別の言葉で表現します。近世の差別はantyjudaizm（アンティユダイズム、反ユダヤ主義）で、近代以降はantysemityzm（アンティセミティズム、反セム主義）というふうに区別されています。

シオニズムの運動は、近代のアンティセミティズムの時代に、ユダヤ人の「民族」運動として成立します。

シオニズムの始まりとしてしばしば言及されるのは、一八九四年にフランスで起こったドレフュス事件です。ユダヤ人のアルフレド・ドレフュスが根拠のない罪を被せられた冤罪《えんざい》事件ですが、これを取材したオーストリアの記者テオドール・ヘルツルが、ユダヤ人は独自の国をもつべきだと主張し、その思想にもとづいて一八九七年にスイスのバーゼルで第一回シオニスト会議が開かれました。

しかし、シオニズム運動はそれ以前からはじまっていました。一八八一年、ロシアで皇帝アレクサンドル二世が暗殺され、まったく罪のないユダヤ人に対するポグロム（ユダヤ人に対する集団的な暴力・破壊）がロシアの各地で起こります。これを目の当たりにした、ロシア領ポーランド生まれのレオン・ピンスケルは、ロシア帝国におけるユダヤ人の同権を求めていたそれまでの立場を変えて、ユダヤ人は自分たちの国家をつくるべきだと主張する本を書きました。

彼は一八八四年、現在のポーランド南西部（当時はドイツ領）の都市カトヴィツェで、「ホベベイ・ツィオン（シオンを愛するものたち）」というグループを結成しました。これは、さきほど触れた、ノイシュタインがポーランド時代に書店を開いていた町ですね。

ドレフュス事件がフランスで起こるのはその十年後ですので、ピンスケルたちがポーランドではじめた運動は、それに先行していたことになります。思想としてのシオニズムの起源は、一八六〇年代のドイツでユダヤ人はパレスチナに自分たちの国家をもつべきであると説いた社会主義者のモーゼス・ヘスのように、さらにさかのぼることができます。他方で、ヘルツルは、シオニストの運動を統一した「シオニズムの父」として顕彰されてきました。しかし、ヘルツル以前に、運動としてのシオニズムにはいくつかの源流があって、その初期のものは中東欧からはじまっていたのです。

民族運動の母体となった地域

さて、こちらの地図（一一三頁）を見てください。

さきほどロシア領出身のユダヤ人の話をしましたが、十九世紀、広大なロシア帝国のなかでユダヤ人が住める場所は制限されていて、最も西部の、バルト海と黒海のあいだに広がる地域に限られていました。この領域は、ポーランド分割前には、ポーランド・リトアニア共和国の東のほうの領域——ここに現在のウクライナの領土のかなりの部分が含まれます——とほぼ重なります。つまり、いわゆるロシア・ユダヤ人と呼ばれる人は、近世のポーランド・リトアニアにいたユダヤ人の流れを引いていたのです。

二十世紀に入って、一九三〇年代から四〇年代にかけて、ソ連とナチスドイツの支

ロシア帝国ユダヤ人居住地域

※ロシア帝国内の県名・都市名はロシア語の表記による。

出典：鶴見太郎『ロシア・シオニズムの想像力――ユダヤ人・帝国・パレスチナ』東京大学出版会、2012年、x頁、地図1

配・占領下に置かれたこの地域で、夥《おびただ》しい数の命が失われました。アメリカの歴史家、ティモシー・スナイダーは、この時代にこの地域が置かれた状況を指して「流血地帯《ブラッドランド》」と呼んでいます（注3）。この流血地帯で、ホロコーストによって約六〇〇万人のユダヤ人が犠牲となりました。しかし、この地域で犠牲となったのはユダヤ人だけではなく、たとえばソ連領内のウクライナでは、一九三〇年代にスターリン政権の政策によって、数百万人が大飢饉《だいききん》（ホロドモール）の犠牲となりました。第二次世界大戦では、ポーランド人も、バルト三国の人たちも命を失いました。いわゆるホロコーストと呼ばれる出来事は、バルト海と黒海のあいだに広がる流血地帯において起こったことの一部なのです。

近世のポーランド・リトアニア共和国の領域であり、二十世紀に流血地帯となった場所は、十九世紀をつうじて複数の強大な帝国によって分割支配され、東ヨーロッパのさまざまな民族運動の母体となった地域でもありました。そのひとつがユダヤ人の民族運動のシオニズムである。そういうふうに捉えることができると思います。

国家の創設を掲げる民族運動はしばしば、その目的を達成するためには暴力の行使を辞さない態度をとり、実際に武装して戦う集団がつくられました。これらの運動が行使する暴力は、支配する帝国に対して向けられただけでなく、帝国の支配のもとで同じよ

16、17世紀のポーランド・リトアニア共和国

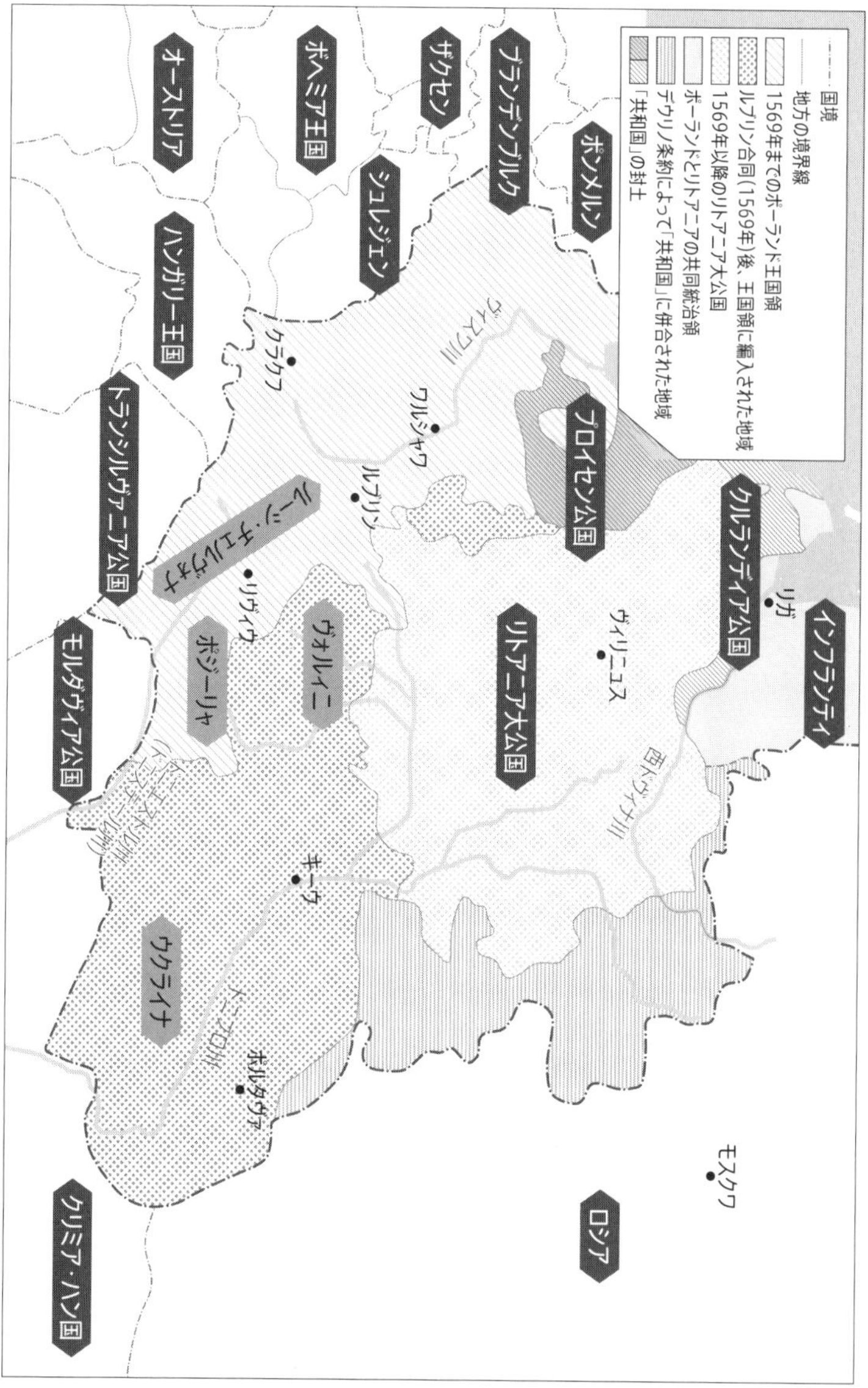

出典：伊東孝之・井内敏夫・中井和夫編『ポーランド・ウクライナ・バルト史』山川出版社、1998年、116頁

流血地帯

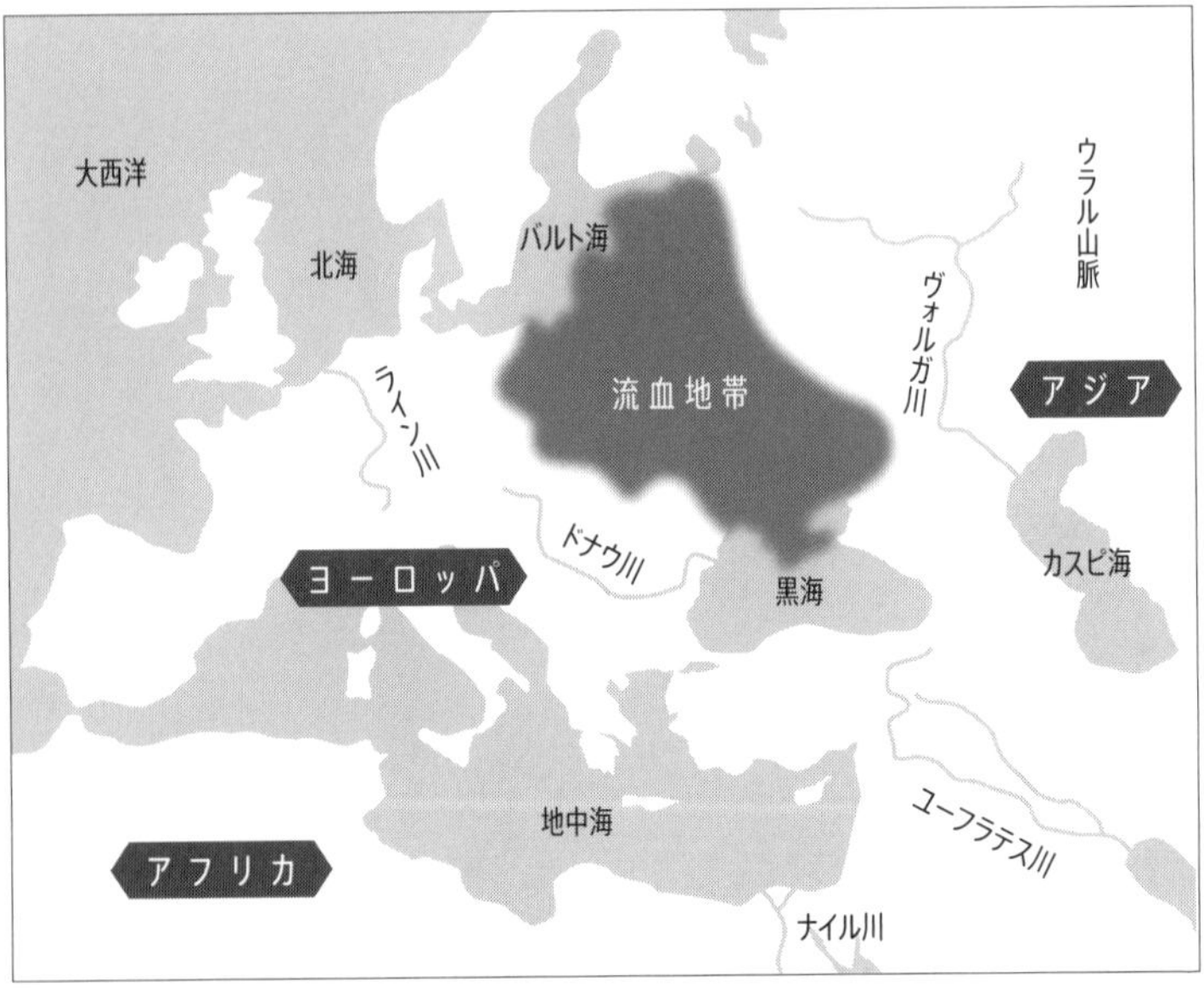

出典：ティモシー・スナイダー（布施由紀子訳）『ブラッドランド　上』ちくま学芸文庫、2022年、13頁

うに従属的な立場に置かれた他の集団に向かうこともありました。

シオニズム運動やイスラエル国家にみられる暴力の行使が、近現代のヨーロッパ東部で成立した、排他的な暴力をその内部に組み込んだ支配構造——その暴力が最大化したのが二十世紀前半の流血地帯の時代でした——から、何を、どのように受け継いでいるのか、研究が必要な問題だと思います。

移住して国家を建設するという発想

ヨーロッパ東部において、シオニズムのような考え方、つまり、国家なき民族が、差別や迫害を受ける場所から自由に生きることができる場所へと移住して、新しい国をつくったほうがよいのではないかという発想は、この地域で従属的な立場に置かれた他の民族集団にも見られます。たとえば、ポーランド人のなかにも、十九世紀から二十世紀初頭にかけて、どこかに移住して自分たちの国をつくるほうがよいのではないか、という議論が起こっています。

ボレスワフ・プルスという作家の小説「復讐」（一九〇八年）には、ドイツ領ポーランドで独立運動をおこなう人たちが描かれています。この小説では、ドイツを出て、アフリカに行こうという理念が語られます。イギリスが帝国支配するアフリカの領地の一部をポーランド人が譲ってもらい、開拓して新天地をつくる。先住民もポーランド人からヨーロッパ文明を学び、教師としてのポーランド人を尊敬するようになる、というストーリーです。

ドイツがポーランド人を暴力的に支配していることに抗議するプルスは、他方で、ヨーロッパ列強が暴力を用いてアフリカを植民地化したことを批判しないのみならず、むしろそれを利用してポーランド人の国をつくることができるのではないかと、作品を通して語ったのでした。ポーランド民族運動もヨーロッパの植民地主義的な発想から決して自由ではなく、ヨーロッパの外にある、もともとほかの人びとが住んでいる土地に入植して、そこを自分の国にする考え方をもっていたということです。

自立と解放を求める民族運動のなかから、自ら強権をもって他民族を排除して支配領域を確保し、さらに自らが支配する植民地空間を求めて拡張をめざす思想と行動が生まれてくる現象は、シオニズムだけの特徴ではありませんでした。ポーランドのナショナリズムにも「強国」化をめざす思想はあり、ウクライナ民族運動にも「帝国」化を主張する潮流が存在します。

私の立場から言えるのは、「だからイスラエルの現在の行為は容認できない」ということです。

近現代史上に出現したさまざまな解放を求める運動は、それぞれの前に立ちはだかる壁を打ち壊すために、苦闘を重ねてきました。その苦闘のなかで、壁を築いた支配権力に対して暴力が行使されることも、歴史の事実としてありました。しかし、自ら支配的な国家権力として特定の民族集団を排除し、壁を築いて閉じ込め、容赦なく爆撃し、飢餓状態に追い込むことは、歴史上の他の諸民族運動・諸解放運動のあり方と比較しても、とうてい容認できるものではありません。

日本も「外部」ではない

日本も、ユダヤ人のパレスチナ移住の問題と無関係ではありません。

この問題については私はまだ勉強が十分できていないので、たまたま手に取った文献からわかったことに触れるだけにしますが、たとえば、経済学者の矢内原忠雄《やないはらただお》は、一九二〇年にパレスチナを旅行して、その印象記を書いています。ロシア語のシオニストの雑誌『シビル・パレスチナ』に掲載されているのを歴史学者の鶴見太郎さんが見つけて紹介しているのですが、矢内原はシオニズムを支持する立場で書いているんですね。

確かにユダヤ人の移民に強く抗議するアラブ人や、この動きを快く思わない様々なキリスト教徒もいる。前途には困難が待ち受けているが、イスラエルは復興すると語る聖書の力がある。（…）エルサレムは世界の中心として輝くだろう。私は今こそそれが起こりつつあると確信している。生き生きとした力と壮大な理想、古代の自らの祖国で自ら労働する奮起したユダヤ民族を目にしたからこそ、私はそう信じるのだ。

（鶴見太郎「ロシア語シオニスト誌のなかの矢内原忠雄」『ユダヤ・イスラエル研究』第二八巻、二〇一四年、

八四頁）

それから、日本が建設した満州国とのつながりもあります。ロシア人が極東につくったハルビンという街には、ロシア革命を逃《のが》れてたくさんのユダヤ人が流れ込みました。彼らが土地を離れる理由はホロコーストだけではありませんでした。二十世紀前半の東欧・ロシアで起こった戦争や革命の結果として、ロシアから逃れて、太平洋を渡ってアメリカに行く。そのような人びとの流れのなかで、ハルビンは中継地点として重要な役割を果たしました。ハルビンのユダヤ人社会については、高尾千津子さんの研究があります（注4）。ハルビンのユダヤ教会団長をつとめたアブラハム・カウフマンは、シオニズムに共鳴し、シオニスト組織の極東地域の代表となりました。

そこに日本は満州国をつくったのです。満州国自体が、もともとほかの人びとが住んでいる土地に入植して、そこを自分の勢力圏として支配する考え方にもとづいています。そして、このハルビンのユダヤ人を利用して、国際的な発信、プロパガンダの材料にするということもしました。日本統治下のユダヤ人を「保護」する政策を推進し、欧米に向けて、日本や満州国には反ユダヤ主義は存在しない、日本のユダヤ人政策は公正である、と宣伝したのです。

ユダヤ人の移住の波の震源地は東ヨーロッパですが、そこからさまざまに波及していく問題というのは、けっして東ヨーロッパやパレスチナだけの問題ではありません。世界中に植民地をつくった西ヨーロッパの列強、アメリカ、そして日本も関与していました。

今私たちが目の当たりにしている状況は、こうした歴史の積み重ねのいちばん先端なのであって、パレスチナの戦争や、パレスチナに渡ったユダヤ人のふるさとであったウクライナの状況というのは、私たちの外部ではない。私たち自身の歴史が絡まり合った問題なのだということを、私はこの講義で申し上げたかったのです。

「敵は制度、味方はすべての人間」

最後に、ふたつの文章を引用します。

ロシアのユダヤ人について研究されてきた鶴見太郎さんの文章と、それと全然関係ないところで書かれたものですが、メッセージとして響き合うのではないかと私が思った、小説家・評論家の埴谷雄高《はにやゆたか》の文章です。

はじめの頃、無節操にパレスチナ人を抑圧している「シオニスト＝イスラエル」というものには、触れたくないほどの嫌悪感を漠然と抱いていた。関心を持ってニュースに触れていれば誰でもそう感じたと思う。しかし、等身大で一人一人を見た時、そこにいるのはただの人間だった。人間の行動が人種なるものに規定されていないのだとしたら、同じ経歴を辿り、同じ状況に置かれたならば自分も同じ行動に出るはずだと思った。その行動がここに座っている私にどれほど受け入れがたいものであっても、である。しかしそれならなおさら、その原因を探る必要がある。それが研究者の責務であると観念した。

（鶴見太郎『ロシア・シオニズムの想像力――ユダヤ人・帝国・パレスチナ』東京大学出版会、二〇一二年、四三二頁）

敵は制度、味方はすべての人間、そして、認識力は味方のなかの味方、これが絶えざる死の顔の蔭に隠れて私達のあいだに、長く見つけられなかった今日の標語である。

（埴谷雄高『幻視のなかの政治』未来社、一九六三年、一〇四頁）

歴史のなかでは、人が故郷を追われたり、移住した先でさらにそこに住んでいた人を力ずくで追い出してしまったりするということが起こります。非常に不幸な状況が絡まりあい、連鎖してつづいていってしまう。重要なのは、そのような現実が生み出される理由を解き明かしていくことであって、自分と違ったすごく悪い人が問題を起こしている、というふうには考えないほうがいいのだと思います。

埴谷は、「敵は制度、味方はすべての人間」と言っています。

「同じ経歴を辿り、同じ状況に置かれたならば自分も同じ行動に出るはずだ」と述べる鶴見さんも、シオニズムの研究者として具体的な文脈で、埴谷と近しいことを語っているのだと思うのです。

そういう感覚をもちながら、今起こっている戦争を考えるということが大事なのではないかと思います。

もう少し補足しますと、埴谷雄高は『死霊』という長大で難解な作品で知られる小説家ですが、戦前は、共産主義の運動に関わって投獄された経験があります。しかも、革命運動にともなう暴力の問題に正面から向き合わなければならないということを、生涯の思想的課題として自らに課していた人だと私は思います。じつはこの評論における

「敵と味方」は、民族間ではなく政治党派の対立によって生じる敵と味方です。でも、もっと一般的な問題として考えてみたとき、近代以降に世界中でつくられた、民族・国民（ネーション）というカテゴリーで人びとを分け隔てていく仕組みも、やはりひとつの「制度」ではないでしょうか。

非常に人為的に線が引かれ、その線のこちら側は「我々」で、あちら側は「彼ら」で、彼らは我々と違う、という捉え方が世界中にあって、みんなが「自分たちは彼らとは違う」と言うんだけれど、その言い方は同じ、という奇妙な世界がつくられています。

線を引いて向こう側にいる人たちを敵とみなすということ自体が、私たちが向き合わなきゃならない本当の敵なんじゃないか。根本的に考え方を変える必要があるんじゃないかと、埴谷は問いかけているように思います。

今日私がお話しした、ロシア・東欧から移住したユダヤ人によるイスラエル建国の歴史については、鶴見太郎さんの『イスラエルの起源――ロシア・ユダヤ人が作った国』（注5）に、詳しく書かれています。こうした歴史は世界史の教科書には書かれてはいませんが、日本語で読める優れた研究があるのです。

私は、さきほど引用した鶴見さんの言葉を読んだとき、いろいろ考えさせられるものがあると感じました。というのは、歴史研究をするときに、自分にとって共感を抱きにくい研究対象というものがあるのです。歴史の舞台には、ものすごくひどいことを主張したり、実行したりする人物や集団が、ときどき登場します。まったく共感できず、目をそむけたくなるのですが、歴史的には重要な問題となっていて、だから研究しなければならない。藤原辰史さんにとってのナチスも、おそらくそうだと思います。

私はテルアビブのノイシュタインという書店から本を買い、それで自分の研究が支えられていたという経緯がありながら、なぜそれが可能になったのか、その歴史的な条件と、それがもたらした歴史的・今日的な帰結について思いを致さなかった。自分を省《かえり》みて、これはとても悔やまれる点です。私は、東欧のなかで起こっていることを研究してきましたが、そこで起こっていることの結果としてユダヤ人がパレスチナに移住するところまで追いかけて研究してはきませんでした。さらに、その結果としてパレスチナ人が暴力的に排除され抑圧されるところまで見届ける射程をもたないまま、ポーランドの歴史について研究してきた、ということです。そこまで射程を伸ばすには、言語の問題ひとつとっても、これまで私がしてきた勉強はまったく不十分なものでした。もっと早く気がついていたら、たとえば専門である近世のポーランドについても、もっと違う研究の視点、問題への向き合い方があったかもしれません。そういう思いもあって、最後にふたりの言葉を引用しました。
私の話はここまでです。ありがとうございました。

【注】

（1）ノイシュタインの生涯については、以下の事典の記述とオンライン上の情報を参照した。
Karolina Famulska-Ciesielska, Sławomir Jacek Żurek, *Literatura polska w Izraelu. Leksykon*, Wydawnictwo Austeria: Kraków-Budapeszt, 2012, s. 95-96, 115-116.
Polish Institute Tel Aviv, Naming the Library of the Polish Institute Tel Aviv after Ada and Edmund Neustein, May 12, 2023. https://instytutpolski.pl/telaviv/en/2023/07/25/4950/
Polish Institute Tel Aviv, Neusteinowie-wspomnienia, May 13, 2023. https://instytutpolski.pl/telaviv/pl/2023/07/25/neusteinowie-wspomnienia/
（最終閲覧日二〇二四年六月四日）

（2）梶さやか『ポーランド国歌と近代史――ドンブロフスキのマズレク』（ポーランド史叢書3）群像社、二〇一六年。
Łukasz Tomasz Sroka, Mateusz Sroka, *Polskie korzenie Izraela. Wprowadzenie do tematu. Wybór źródeł*, wyd. II, Wydawnictwo Austeria: Kraków-Budapeszt-Syrakuzy, 2022, s. 111-112.

（3）ティモシー・スナイダー（布施由紀子 訳）『ブラッドランド　上・下――ヒトラーとスターリン　大虐殺の真実』ちくま学芸文庫、二〇二二年

（4）高尾千津子「アブラハム・カウフマンとハルビン・ユダヤ人社会――日本統治下ユダヤ人社会の一断面」『「スラブ・ユーラシア学の構築」研究報告集』第一七号、二〇〇六年、四七‐五八頁

（5）鶴見太郎『イスラエルの起源――ロシア・ユダヤ人が作った国』講談社選書メチエ、二〇二〇年

食と農を通じた暴力

――ドイツ、ロシア、そしてイスラエルを事例に

藤原辰史

私たちの食卓の延長にある暴力

私はとくに、ナチズムというとても重い現代史の現象を、食と農の問題から研究してきました。今は、ナチス・ドイツが支配した東欧やロシアでドイツ人優先の食糧政策を実行し、とりわけウクライナから大量の穀物を収奪して、そこに住む人びとを飢餓に陥らせた過程について研究しています。小山さんは現在のイスラエルの蛮行《ばんこう》とロシアのウクライナ侵攻のつながりをシオニズムの観点から論じましたが、私はこれらふたつの世界史的事件を食の視点からつなげて考えたいと思います。最後に論じるように、イスラエルもパレスチナ人に対して、ナチスと同様の暴力を遂行しているからです。

イギリスの歴史家リジー・コリンガムによれば、第二次世界大戦全体の死者数の推計五〇〇〇万人から七〇〇〇万人のうち、二〇〇〇万人が飢餓やそれを原因とする病気で亡くなりました(注1)。日本も例外ではありません。コリンガムは、藤原彰『餓死《うえじに》した英

霊たち』を参考に、日本の陸軍の死者のうち半数以上が餓死であることも詳しく紹介しています（注2）。あとで述べるように、一九四一年にナチスがロシア人を意図的に飢えさせる「飢餓計画 Hungerplan」を発動した結果、三〇〇万人のロシア人捕虜が亡くなりました。

すでに第I部の講義で述べたように、ドイツの歴史研究者は、イスラエルとの深い外交関係のなかで、ナチスの悪行の総体のうち「六〇〇万人のユダヤ人の殺害」の解明に時間と労力を集中させ、その「唯一無二性」を強調しすぎたために、それ以外の集団、たとえばスラヴ人や、ナチスに抵抗した旧ユーゴスラヴィアのパルチザン、ロマたちの悲劇を相対的に軽視しがちでした。また、膨大な数の餓死者にも一部の歴史学者を除いて注目しなかった。ナチスがヨーロッパ各地につくったゲットーという都市区域に閉じ込められたユダヤ人の餓死者も、やはり強制収容所の死よりも注目されません。ナチスが占領する前後にソ連によって殺された人びとや飢餓で亡くなったウクライナの人びとについても、アメリカの歴史家ティモシー・スナイダーの『ブラッドランド』が邦訳されるまで、日本のドイツ史研究者のあいだでさえ強く意識されていなかったと思われます。

あたかも、第二次世界大戦中の餓死は戦死や収容所での死と違って重要ではないかのように扱われてきた。しかし、こうした歴史上の偏った共感の選択は人の目を曇らせます。飢餓が現代社会でもっとも地球上の人びとを苦しめている人災であり、大量の食料を世界中から買い漁《あさ》って捨てている私たちも加害者である事実を、私たちの目から遠ざけます。そうしたことが、現在にいたるまでロシアのウクライナ侵攻も、イスラエルがパレスチナで展開してきた暴力も、自分の問題として捉えることを妨《さまた》げているのではないでしょうか。

なぜなら、どちらも、これから述べるように食と農を通じた暴力でもあるからです。

さて、今、ヨーロッパ各地において、トラクターデモのニュースが報じられています。EU諸国がのきなみ軍事費を上げる一方で、農業への援助、とくにディーゼル燃料の補助金を削減する計画を発表し、ヨーロッパ各地で中小規模の農家が憤《いきどお》って、都市でトラクターデモを繰り広げています。背景には、アメリカがその中心的役割を果たしてきた世界的な農業構造の強化があります。巨大な穀物商社、種子企業、化学企業が主導して、できるだけ広い土地で、単一の作物を、大きな機械と大量の薬剤を用いてつくるような大規模で合理的な農業をやっていくように、中小規模農家に強い圧力をかけているのです。

この問題は、ロシアのウクライナ侵攻と深く関係しています。侵攻後、世界中の食料価格が高騰していますが、ヨーロッパと比べると日本ではまだ価格が抑えられています。それは日本の主食がコメだからですね。ウクライナもロシアもコメをほとんど生産していないので、戦争の影響が比較的小さい。他方で、両国が重要な産地である小麦は、生産価格が急激に高くなっている。農業に必要な燃料と化学肥料の価格が高止まりして農家が肥料投下量を減らしています。しかも、ロシアは同盟国ベラルーシと並び世界に冠たる化学肥料生産大国で、肥料の主成分である窒素・リン酸・カリの生産量では、それぞれ世界トップ3に入っています。

投機マネーがもたらす飢餓

中学校の社会科でも習いますが、ウクライナには「黒土地帯《こくどちたい》」があります。栄養の豊富なチェルノーゼムという土のおかげで、古代から、有数の肥沃《ひよく》な地域であると言われていました。ヒマワリやトウモロコシも含めて、現在もなお重要な農業生産地域であることに変わりありません。

ここではまず、阮蔚《ルアンウエイ》さんという農業経済学者の『世界食料危機』(注3)という本を紹介しながら、本書に触発されて調べたことや自分の研究成果を補足的に述べていきたいと思います。ウクライナ侵攻と食料危機の関係を解説する非常に見通しのよい本です。

現在、小麦の九割をロシアとウクライナから輸入するエチオピア、ケニア、ソマリアで、およそ一三〇〇万人が飢餓に直面しています。理由として「ウクライナの小麦の生産と輸出が滞《とどこお》ったから」と説明されることがありますが、じつはこれは正しくありません。ウクライナは、ロシアの侵攻を受けた二〇二二年二月二十四日にはすでに、この時期に出荷される冬小麦（冬を越して育成し、夏に収穫する小麦）の輸出をほぼ完了していました。それにもかかわらず、アフリカを飢餓が襲ったのです。

理由は、穀物価格の高騰です。阮さんによると、侵攻開始から二週間足らずの二〇二二年三月七日、小麦は統計を取りはじめた一九七二年以来最高の市場値となり、その価格は二〇二二年の二月二十三日に比べて四九・九パーセント上昇し、一カ月前の二月七日に比べると七〇・三パーセントも上昇しました。

危機的状況下で、「物を買い込まなければ」という切実な、世代を超えた記憶が人びとのなかによみがえり、価格が急激に上がるという現象が起こった。とりわけ、食料や土地など生きていくのに必要な商品の市場に莫大な投機的資金が舞い込みました。事件直後に生活必需品を買いだめし、価格が上がったところで手放せば、そのぶん儲けられるからです。

この話から、私はドイツの第一次世界大戦の歴史を思い浮かべずにはいられません。イギリスの海上封鎖とドイツの食料配給制度の失敗によって、第一次大戦時のドイツで七六万人が餓死しました（これがナチスの「飢餓計画」が導入される史的根拠となります）。この時期にも、政府は商人や農民が買いだめをして投機行為に及んでいると非難し取り締まりました（注4）。人の死を利用して利益を得るなんてひどいという人もいると思いますし、私もそう思いますが、歴史学の冷徹な目線で語るならば、歴史上の人間はしばしば戦争を儲けに利用してきました。

現在、食料は投機のために利用されることが増え、食料に不当に高い値段がつき、購買力のない国が飢餓に陥っています。阮さんはこれを「投機マネーがもたらす飢餓」と呼んでいます。

投機の主な担い手は、「穀物メジャー」と呼ばれる大手多国籍商社です。代表的なものは六社。ＡＤＭ、カーギル、コナグラ、ルイ・ドレフュス、ブンゲ、コンチネンタルグレインです。じつは、これらは穀物だけを扱っているわけではありません。たとえば、

ＡＤＭやカーギルは、コートジボワールなどで生産されるチョコレートの原料カカオの流通にも巨大な力を発揮しています。キャロル・オフというフランスのジャーナリストの衝撃的なルポルタージュ『チョコレートの真実』によると、コートジボワールのカカオ農園には隣国のマリから少年たちがお金を得るためにブローカーにそそのかされてやってきて、賃金も支払われないまま奴隷のような仕事を強制されているといいます（注5）。それがカカオの国際競争力の源です。私たちの食べものの海外の生産現場には、カカオ農園もバナナ農園も、奴隷のように働かされている子どもたちや大人たちがいることが多いのです。

とにかく、この六社が扱っているのは「穀物」だけではありません。が、これまでの呼び方にならって「穀物メジャー」と呼ぶことにしましょう。穀物メジャーは世界の穀物貿易の八割から九割を支配しているといわれ、ウクライナ侵攻によってすさまじい規模の利益を得ています。

農業ジャーナリストの松平尚也さん（注6）によれば、たとえば、ブンゲは「［二〇二二年］四月二十七日、第一・四半期決算がロシアのウクライナ侵攻後の穀物需要拡大を受けて、約二割増益する見通し」を発表しました。ＡＤＭもやはり、同年四月二十六日に過去最高の四半期決算を報告。また、カーギルは、穀物価格高騰によって経営者家族の三人が世界の富裕層五〇〇人に仲間入りしました。「七〇カ国に一五万五〇〇〇人以上のスタッフを抱えるカーギルは、二〇二一年の過去最高益五〇億ドルを上回る利益を計上すると予想されている。ミネソタ州に本社を置く同社は、昨年［二〇二一年］の利益が六三％増の約四九億三〇〇〇万ドルで、一五七年の歴史の中で最高であった」と松平さんの記事は伝えています。ちなみに、二〇二二年のカーギルの売上高は実際に過去最高を記録しました。

プーチンの農業政策は外交の武器

『世界食料危機』には、もうひとつ重要なこととして、ロシア大統領ウラディーミル・プーチンが農業政策に力を入れてきたと書かれています。この本を読むまで私は、プーチンの農業政策がウクライナや中東の問題を考えるうえでも重要だと認識しておらず、深く反省しました。

ソ連崩壊後、ロシアの農業生産力は気候の問題もあって急落したのですが、プーチンが大統領になって回復を遂げました。二〇〇六年に「農業の発展に関するロシア連邦法」を施行し、農家が機械や肥料を買うための融資の利子を助成したり、輸入穀物関税を上げたりして、国内農業保護を強化したのです。

二〇一四年三月一日のクリミア侵攻後は、欧米諸国がロシアへの経済制裁に踏み切ったことへの対抗措置として、ロシアは欧米からの食料輸入を禁止し国内農業増産を促進しました。その結果、アフリカや中東への輸出が増加しました。プーチンはEUとの外交カードとして天然ガスをよく使っていますが、小麦ももうひとつの強力な武器だったのです。

プーチンが小麦を通じてアフリカや中東諸国とうまく結びついた背景には、じつはイスラエルと中東の外交問題が関係しています。イスラエルの世界最大の支援者であるアメリカは二〇一四年までイスラエルの隣国エジプトと友好関係を結んでいました。その一環として、アメリカ産小麦をエジプトに援助してきた。援助と聞くとよいイメージを抱きがちですが、かならずしも援助先に好影響を与えるわけではありません。アメリカは自国の余剰農産物を大量に抱えており、それを倉庫に保管するために莫大な税金をかけています。ですから、アメリカの法律では余剰農産物しか海外に援助できません。そんなアメリカの穀物が援助として流入すると、飢餓が蔓延《まんえん》している時期は助かるのですが、そのうち援助先の農家が壊滅的な打撃を受けてしまいます。

「エジプトはナイルの賜物《たまもの》」という言葉をご存じと思います。エジプトはもともとナイル川の氾濫《はんらん》を利用して農業を大きく発展させた国家です。一九〇二年にイギリスがナイル川の中流にアスワンダムを建設し、洪水対策や治水に一定の役割を果たしていました。が、それだけではナイル川の氾濫を止められないため、イギリスの援助でアスワン・ハイ・ダムの建設を計画します。この名前も中学校で習うはずです。ところが、政権交代が起こり一旦中断します。新しく大統領となったガマール・アブドゥル・ナーセルは、アスワン・ハイ・ダムの建設をエジプト近代化の象徴として推し進めるために資金調達を試みます。当然、農業の近代化も企図されてきました。ちょうど、世界恐慌対策であるニューディール政策の一環としてアメリカがテネシー川流域に建設したTVA（テネシー川流域開発公社）や、熊本県水俣市の日本窒素肥料株式会社のように、水力発電によって得たエネルギーで空気中の窒素を分解してアンモニアを合成し、合成肥料を生産するためにも技術革新が必要だったのです。

援助には、最初アメリカが手をあげたのですが、当時エジプトと敵対関係にあったイスラエルをアメリカが支持していたこともあり、援助計画は暗礁《あんしょう》に乗り上げます。そのかわりに一九五六年七月、エジプトはスエズ運河国有化を宣言。怒ったイギリスとフランスとイスラエルが中東戦争を仕掛けます。エジプトは戦争の過程で生産力を落とし、援助を受ける側に転落しました。アメリカが余剰小麦をエジプトに送り、エジプトを通じてイスラエルをなだめるようになった。

エジプトは、二〇一〇年から一二年にかけてアラブ世界各地で連動して起こった「アラブの春」と呼ばれる民主化運動で、三十年つづいた政権が崩壊します。民主主義を標榜するアメリカにとってはは都合のいい革命でしたが、それを否定する軍出身のエルシーシ政権が誕生したことで、アメリカはエジプトと対立します。その隙間を狙ったのがロシアでした。ロシアはエジプトの穀物の援助をはじめたのです。現在のエジプトはイスラエルとハマスの仲介的地位にありますから、ロシアとエジプトの貿易関係も注視しなくてはなりません。

ウクライナの穀物を狙う米中

『世界食料危機』によると、近年ロシアは農業生産量を上げ「小麦は二〇一六年以降七〇〇〇万トン以上の生産をつづけ、二〇二〇年に小麦生産で中国、インドに次ぐ世界第三位、穀物全体では第四位の大農業国家」になりました（阮蔚『世界食料危機』三二頁）。ロシアの生産量は、アメリカ、カナダ、オーストラリアという小麦生産大国を超えていたのです。二〇二四年二月に刊行された日本の農林水産省の『食料安全保障月報』（注7）によると、ウクライナ侵攻後にどれだけロシアの穀物輸出が増えたかがわかります。二〇二一年から二二年にかけて三五〇〇万トンに満たなかった小麦輸出量が、二〇二三年から二四年にかけて五〇〇〇万トンを超えています。そのあいだに、アメリカの輸出量は低迷しており、カナダ、オーストラリア、そしてウクライナも減少しています。

じつは、ロシア侵攻前のウクライナは、近年中国から融資を受けて農作物を増産していました。二〇二二年六月の日本貿易振興機構（JETRO）の「地域・分析レポート」によると、二〇一六年五月には大手食糧商社の中糧集団（COFCO）がドニプロ川河口に年間出荷能力二五〇万トンの穀物輸出ターミナルを建設し、穀物を輸出していました（注8）。ロシアに負けず劣らず、安価な穀物を中東やアフリカに売ることで、自らの国際的な地位を高めようとしたわけです。

ウクライナの穀物に注目していたのは中国だけではありません。アメリカの穀物メジャーのカーギルも、二〇一八年にウクライナの港町オデーサ近郊に穀物ターミナルを建設し、ウクライナでの投資を増やしていたところでした。このような状況下でロシアのウクライナ侵攻がはじまります。重要なのは、戦争で黒海が封鎖されたことです。ウクライナのみならず、世界各国の穀物商社も倉庫に蓄えてある穀物の輸出が黒海からできなくなり、輸出先として東欧の割合が一気に増えます。

もちろん、このような危機はさきほど述べたように短期的には穀物商社が利益を得られますが、長期的には問題です。そこで、二〇二二年七月に国連とトルコがロシアとウクライナという戦争当事者を仲介するかたちで、四者会談がもたれ、七月二十二日から「黒海穀物イニシアティヴ」によるウクライナ産穀物輸出が開始されました。しかしこれもロシアが翌年七月十七日に脱退することで、再び黒海ルートが危うくなり、東欧経由のルートが検討されます。つまり、輸入規制解除が検討されるのです。これに反発したのがポーランドやルーマニアの農家で、ウクライナ産の安価な穀物が流入したら自分たちの穀物が売れなくなると、国境などで大きな示威運動をおこないました。これが西欧にも広がり、冒頭に述べたトラクターデモの遠因となります。

さらに、ウクライナ侵攻後から、欧米が「脱炭素」「脱ロシア」というスローガンを掲げて天然ガスから脱却する動きを見せています。そんななか、トウモロコシや小麦などを原料とし、石油と同じように使えるバイオ燃料（バイオエタノールやバイオディーゼル）が国際的に売れるようになりました。背景には穀物余剰生産問題があります。二〇二一年のデータでは、小麦とトウモロコシだけで一億九五〇〇万トンがバイオ燃料に用いられていて、それは一九億四五〇〇万人の一年間のカロリー消費量にあたるそうです。まさに「人類と自動車など輸送手段が、食料となり得る農産物をめぐって争奪戦を始めているという」「皮肉な現実」（阮蔚、前掲書、一〇五頁）と、阮さんは指摘します。

国際穀物都市オデーサ

さて、オデーサという黒海沿岸の国際港湾都市の名前をくりかえし述べてきましたが、私はこの都市について重要なことをまだ述べておりません。ロシアがこの間の戦争でオデーサの港をずっと攻撃してきたことです。さきほどの四者会談直後にロシアはオデーサにミサイル攻撃をし、国際社会から非難されています。さらに、「黒海穀物イニシアティヴ」からロシアが脱退した二日後の二〇二三年七月十九日には、やはりミサイル攻撃によって約六万トンの穀物貯蔵施設が失われています。同年九月二十五日にも約一〇〇〇トンの穀物貯蔵施設がロシアによって攻撃されました。この攻撃のなかで、カーギルやCOFCOの穀物貯蔵施設も被害を受けたと報道されています。

私は、プーチンが、この戦争を通じて、欧米による世界の食のグローバルな支配に挑戦せんとする農業大国化プロジェクトを進展させようとしているように思えてなりません。もちろん、研究者たちの詳細な分析が必要ですから仮説にすぎません。ただ、これまでの食と権力の歴史を研究してきた私からすると、いろいろと腑に落ちることがある。

まず、このプロジェクトによって国内の農民たちがプーチンを支持することは想像に難くありません。これで国内の権力地盤は固まるでしょう。ただそれだけではありません。野蛮化する世界において穀物がどれだけ強力な外交と支配の武器になるのか、プーチンは熟知しているように感じます。第一に、アメリカと関係がこじれたエジプトを、穀物援助を用いつつロシアに近づけ、第二に、ウクライナの穀物輸出をオデーサへの遠隔攻撃によってたびたび妨害することで、穀物輸出力でアメリカ、オーストラリア、EUに圧倒的な差をつけたところに彼の野心が垣間見えます。

こんな国際政治状況にもかかわらず、日本の政治家と日本に住む住民の農業や食料に対する感覚が鈍いことが不思議でなりません。政治家は世界での発言権を強めたいらしいですが、だったらなんで日本のように水資源にも土地にも恵まれた列島の食料自給率を高めようとしないのでしょうか。一連の紛争の背景にある穀物の力の根源を理解できていないから、ウクライナと中東の問題を同じ視野で捉えることができないのです。

しかも、食が権力と深く関わりがある、という事実はきわめて歴史的な問題です。

スコット・レイノルズ・ネルソンは『穀物の世界史』のなかで「金融商品」としての小麦の歴史を描き、オデーサから黒海を通ってイスタンブールまで行く「穀物の道」が、古代からいかに重要であったかを述べています（注9）。ネルソンは、穀物の通る道こそが歴史の心臓部だと主張します。古代ギリシア語では輸出港のことを「エンポリオン」といい、これはエンパイア、すなわち「帝国」の語源であるという説もあるそうです。どんな帝国も穀物を運ぶ海や陸の道を支配しようとし、攻防をくりかえしてきた。国家はこの道を通る穀物商から通行料を取り立てます。他方、穀物商は倉庫に穀物を蓄え価格上昇の機会に乗じて売ったり、あるいは、収穫前にあらかじめ値段を決めて農家に払い、まだ見ぬ穀物をそれより高めに売ったりして利益を得ました。

ウクライナの穀倉地帯の販路開拓のために、ロシア皇帝のエカチェリーナ二世がオデーサ港を築きます。これがボスポラス海峡を通ってヨーロッパに穀物を運ぶ商人たちの活躍した港になりました。オデーサは壮麗なオペラ座や劇場がある美しい港町ですが、こうした経緯で富が集まった地域なんですね。

　しかし、十九世紀後半、アメリカが旧来の穀物の道に変容を迫ります。奴隷制を廃止して農業機械化に成功したアメリカでは、小麦の生産性が上がって安価になり、ウクライナをはじめとする農業地域は苦境に立たされます。たとえば十九世紀末のドイツの新聞を読むと、アメリカに対抗してどう農業を合理化していくかという話題がしばしば取り上げられている。加えて、ダイナマイトの発明によって各地で大きな港がつくれるようになりました。カーギルや、ルイ・ドレフュス、ブンゲなどの穀物メジャーは、十九世紀末から世界の重要な穀物港に倉庫を置き、価格変動を見極めては取引し巨満の富を得てきました。

『食べものから学ぶ現代社会』という平賀緑さんの本に書かれてあるように、食と農に関係のない人たちがこのマネーゲームの担い手となっており、さらに最近はＡＩも参入して、私たちの食卓や財布を左右しています（注10）。危機の時代にみんなが「基本的なもの」、とりわけ食や農に関わるものを囲い込んでおきたくなる。現在、米国で最大の民間農地所有者は農民ではなく、ウィンドウズの開発者であるビル・ゲイツだそうです。およそ九八〇平方キロメートルという巨大な土地の不在地主になっている。もちろん彼はお腹いっぱいごはんを食べたいわけではなく、農地を使って利益を得ようとしているわけですね。

飢餓計画を主導したヘルベルト・バッケ

ここからは、以上のような、食を通じた力の発現の先行的事例であるナチス・ドイツについて話をしていきましょう。

さきほど述べたように第一次大戦期のドイツでは飢餓が起こり、七六万人が死んだと当時の政府統計では報告されていますが、その半分が子どもでした。イギリスに海上封鎖され、中立国のアメリカやカナダの穀物がドイツに輸入されなくなり、人手不足で農業生産力が下がって、政府が闇市のコントロールと食の配給に失敗し、飢えが発生した。歴史家のあいだでは「封鎖シンドローム」と呼ばれますが、この経験によって飢えへの恐怖が平時も人びとの心に植え付けられた。これを敏感に察知してプロパガンダに利用したのがナチスです。

ナチスは「生存圏 Lebensraum」を獲得するという目標を掲げました。生存圏とは、とくにウクライナやポーランドの穀倉地帯を指します。まさに「ブラッドランド」にあたる地域です。ナチスは英仏の植民地主義を否定し、相互的な協力関係にもとづく「広域経済圏 Grossraum」を築くのだ、というプロパガンダを打ち出しましたが、露骨にウクライナを広域経済圏に吸収したいと望んでいた。第一次大戦期に一時だけウクライナを獲得したのですが、その過去もまた、ウクライナへの強い憧憬《どうけい》をヒトラーたちにもたらしたのだと思います。

ナチスの飢餓政策による犠牲者の中心は、冒頭で述べたようにロシア人であり、その加害のあり方は、収容所での殺戮ではなく、飢餓でした。

近年、ナチズム研究では、ヘルベルト・バッケ（一八九六〜一九四七）という人物が注目されています。ヒトラーやゲッベルスといった人物に比べて有名ではありませんが、彼について知ることは「日常の延長線上にあるナチズム」を考えるうえで重要です。

バッケは、グルジア（現在のジョージア）のバトゥミという、黒海沿岸の都市で生まれたドイツ系ロシア人です。父母ともにドイツ系で、なんらかの理由で十九世紀にここに流れてきた。父親はオデーサで農業機械の販売に従事したこともあったといいます。第一次大戦中にロシアから「敵性民族」とされ、ウラル山脈の収容所に収監された経験をもつバッケは、そのころからロシアに対する非常に強い嫌悪感をもっていました。

その後、彼はロシアからドイツに移住し、研究者を志してロシアの穀物問題についての論文を書きました。じつは私は二〇〇〇年代初頭に、ベルリンのフンボルト大学でバッケの卒業論文を見つけたのですが、そのときはよく価値を理解していなかった。学術論文としてはいまいちでバッケは大学院に進めなかったのですが、のちに飢餓計画を実行するときにこの論文を周囲の要人たちに配ったそうです。この論文執筆時からナチ党に出入りし、そのうちにリヒャルト・ヴァルター・ダレー（一八九五〜一九五三）という人物に抜擢されて、ダレーに次ぐ食糧・農業省のナンバー2になりました。ちなみにダレーは「血と土」というナチスを代表するスローガンを編み出した人でもあり、ナチ党に農民票を大量に呼び込み、ナチ党を第一党に押しあげた功労者です。ナチ党は選挙戦で、世界恐慌に打撃を受けた農民こそ国家の中枢で、飢餓から国家を守る屋台骨で、優秀な兵士の源泉だと言いつづけ、国内権力の地盤を固めていきました。

バッケの認識は、グローバルな穀物経済、つまり、さきほど述べた穀物メジャーにあたるような巨大資本——彼の言い方では「ユダヤ資本」——が世界中を支配しているために、ドイツの農業が破壊されている、というものでした。これを打破するために農業保護政策を導入し、農民を称揚しました。欧米の食料支配に挑戦するプーチンの農業政策ともどこか類似性がありますね。

ちなみに、ソ連の元書記長のミハイル・ゴルバチョフ（一九三一～二〇二二）も、黒海の穀物輸出港のノヴォロシースクの農業後背地にあたる、スタブロポリ出身の農業官僚として出世しました。スタブロポリは豊かな農業生産地で、バトゥミから少し北にある場所です。さらにいえば、オデーサは、ロシア革命の立役者であるレフ・トロツキー（一八七九～一九四〇）の出身地です。トロツキーの両親は、肥沃な黒土地帯の富農でユダヤ人でした。また、パレスチナにユダヤ人国家を樹立することにもっとも熱心だったシオニズム右派のウラディーミル・ジャボティンスキー（一八八〇～一九四〇）も、オデーサ出身のユダヤ人です。黒海沿岸の都市にはユダヤ人が多く住んでいますが、そのうち穀物商を営んでいたユダヤ人も多かった。いずれにしても、現在の紛争を知るうえでも、あるいは二十世紀の歴史を知るうえでも、黒海は重要な場所なのです。

ホロコーストの影に隠れる「入植と飢餓」

一九三九年八月に独ソ不可侵条約が結ばれ、九月にドイツとソ連がそれぞれポーランドに侵攻し、分割します。独ソはイデオロギーの違いがあるにもかかわらず手を結んで世界が仰天したわけですが、ヒトラーはドイツの経済基盤を強化し、黒土地帯を抱えるウクライナをドイツの経済圏に組み込むために、結局ソ連侵攻を決めます。それが一九四〇年七月三十一日です（十二月十八日に「バルバロッサ作戦」という名前がつけられ、各方面に正式に伝えられます）。この決定に応じて各部署は戦争準備を秘密裏にはじめます。

バルバロッサ作戦の食料部門の担当がバッケでした。彼はヒトラーに対し、ドイツの食糧供給量を計算した結果「数千万人の人びと」がソ連で飢えることは疑いないという結論を報告します。一九四一年の春には「飢餓計画」の大枠が決まります。バッケは食料配給量を計算し「劣等人種」であるスラヴ人、とくにロシア人にはわずかしか配給せず飢えさせて、その分でドイツ人の配給量を保持するという恐ろしい計画を立てたのです。バッケは文書で「ロシア人の胃袋は伸縮自在なので変な同情心を抱かずともよい」というとんでもないことも述べています。

ナチス最大の使命は、ドイツ人を飢えさせないということでした。実際に一九四四年まではドイツ人は飢えなかった。それを達成できたのは、くりかえしますが、ポーランドやロシアなど東欧から食料を収奪し、それらの住民を飢餓に追い込んだからです。三〇〇万人のロシア人捕虜が飢えで死にました。当時の労働生理学の栄養学者は、ロシア人捕虜を実験台にして、ギリギリ効率的に働かせられる食事量はどれくらいか、というおぞましい研究もしていた。さらに、ポーランドからは農民を放逐《ほうちく》したり殺したりして、その農場にヨーロッパ各地に住んでいたドイツ人たちを入植させます。追い出された農民たちは、ドイツ人のもとで働いたり、パルチザンとなってドイツ軍や占領当局と戦ったりしました。入植と飢餓。これがナチスの東欧における暴力の特質です。

食を通じて人を殺したり、労働を管理したりするという考え、また、飢えてもいい人種と飢えてはいけない人種を分けるという考えをもったのがバッケで、それをヒトラーたちは支持したわけです。飢餓計画はあまりに巨大な計画だったため頓挫《とんざ》しましたが、最終的に四〇〇万から七〇〇万人の死者を出したといわれています。ホロコーストの影に隠れてしまう悲劇です。

飢えてはならない人と、飢えてもいい人

飢餓計画より前、一九三二年〜三三年にソ連支配下のウクライナで大飢饉が起こりました。スターリンの穀物調達の暴力によって、四〇〇〜八〇〇万人が食料を奪われて亡くなった。この飢饉をナチスはプロパガンダとして利用したのです。次頁の画像は国民

1936年3月20日付、国民社会主義農村通信「農民の国が飢えている！」

Folge 12

Nationalsozialistische Landpost

EIN BAUERNLAND verhungert!

Rußland, das größte Bauernland der Erde, hungert

„Verhungert im Namen des Bolschewismus?“

das bleibt uns erspart!

社会主義農村通信という新聞ですが、ナチスの広告には、飢えた人びとや餓死者の写真とともに「農民の国が飢えている！」という言葉が載っています（注11）。農業国家であるはずのソ連でこれだけの人が飢えて死んでいるということをアピールしている。ボリシェヴィキだから人が飢えていく、私たちは絶対にこんなことはしない、と。

そのためには女性の社会参加が必要だという名目で、バッケはナチス婦人団とともに「腐敗闘争 Kampf dem Verderb」も主導しました。食べものを無駄にするなというキャンペーンをおこない、優れた技術をもつ主婦を表彰したり、家政学やテイラー主義（二十世紀初頭に提唱された労働の科学的管理法）の影響を受けてキッチンを管理したりした。「二度と飢えさせない」という目的によって、日常を動員していったのです。

その裏で、東ヨーロッパの人びとを飢えさせ、また今回は詳しく触れられませんでしたが、「生きるに値しない」とナチスがみなした障害者の安楽死計画もおこなっていたわけです。安楽死と言っても、薬を用いるだけでなく、かなりの数の人を飢餓状態に放置することで殺害しています。

「飢えてもいい人びと」を選ぶこのような優生思想は、しかし、私たちの日常にも深く根づいていると思えてなりません。たとえば、アフリカの人たちが飢えていてもしようがないというような感覚が私たちにないでしょうか。

そして、奇妙なことに、ナチス最大の被害者グループのひとつであるはずのユダヤ人たちの国、イスラエルにも、この感覚がいっそう深く根ざしているのです。

イスラエルの食と水を通じた暴力

「いっそう深く」と申し上げたのは、イスラエルがガザ地区に対して繰り広げる暴力のひとつに、除草剤散布攻撃があるからです。フォレンジック・アーキテクチャー（直訳すれば、法医学的建築）という研究機関であり芸術家集団であるチームとイスラエルやパレスチナの協力団体の調査によると、二〇一四年から二〇一八年にかけて、イスラエルとガザ地区のあいだにある立ち入り禁止の緩衝地帯にイスラエルの小型飛行機が少なくとも三〇回も除草剤を散布しました。緩衝地帯なのですが、散布時はかならず東から西へ風が吹いている。ガザ地区の農地を狙って汚染しているとしか思えない。パレスチナの農業省によれば、被害を受けた範囲は一三平方キロメートルにも及ぶといいます。

この攻撃を告発する動画はインターネットでも見られますのでぜひ見てください（注12）。動画では小型のプロペラ機が薬をまいている様子が見えます。イスラエルもまた、空爆やミサイルや戦車だけではなく、食料、人間の生きる根拠そのもの、存在そのものを破壊していることがここから読み取れます。

除草剤は、かつて遺伝子組み換え作物の種子生産で世界最大のシェアを占めていたモンサント社（現在はドイツのバイエルに買収されています）の「ラウンドアップ」や、イスラエルの化学メーカーのタパゾール社の「オキシガル」です。とりわけ、ラウンドアップは自社製の種子の植物は枯らさないので、種子とセットで世界中に広まりましたが、発がん性が疑われるので各地で訴訟が起こっています。

除草剤攻撃と聞いて多くの人が思い起こすのは一九六〇年代から七五年までつづいたヴェトナム戦争でしょう。アメリカがヴェトナムで枯葉剤、つまり除草剤をまいて、ヴェトナムで活動する抵抗組織を森からあぶり出し、畑を汚染して飢えさせようとしました。この除草剤生産企業のひとつがモンサントでした。同じ企業の除草剤による攻撃が現在はガザ地区に対しておこなわれている。アメリカからイスラエルへとつながる暴力の連鎖を、私たちは見ずにはいられません。

ただし、イスラエルのガザ地区への攻撃は除草剤攻撃ばかりではありません。イスラエルは、一九四八年の「建国」以降、パレスチナ人の土地を軍事力で奪い、住んでいた人びとを追放して難民にしました。世界中からイスラエルにやってくるユダヤ人たちに農地と住宅地を与えるためです。その過程で奪われたのは、肥沃な土地だけではありません。乾燥地帯では水資源が生死を決するのですが、イスラエルは入植者たちが農業を営みやすいようにヨルダン川の水や地下水をつぎつぎに囲い込み、壁を設けて、パレスチナ人農民たちに農業をさせないようにしてきました。これもまさに放逐と飢餓です。

具体的に見ていきましょう。パレスチナの状況を克明に伝えてきたジャーナリストの土井敏邦《としくに》さんは『占領と民衆——パレスチナ』のなかで、パレスチナ人たちがいかに水資源を奪われてきたか記しています。たとえば、イスラエルはオレンジ生産ではなく野菜生産をするようにパレスチナ人に圧力をかけました。オレンジ畑は野菜畑の二倍水を使用するからです。一方で、イスラエルは入植地につぎつぎに井戸を掘る。一九八四年のガザのパレスチナ人ひとりあたりの水消費量はわずか二〇〇立方メートルであるのに対し、イスラエル人入植者ひとりあたりの消費量は「一万四二〇〇〜二万八四〇〇立方メートル」にまで及びました（注13）。もちろん、パレスチナ人たちは飲料水もかつてのように自由に使えません。イスラエルの企業から水を購入しなければならない状態に追いやられたのです。

こうしたパレスチナの状態は、土井さんの聞き取りから四半世紀経って、改善されるどころか、さらに悪化していました。清末愛砂《きよすえあいさ》さんは、「占領下における水の使用権と農業問題」という二〇一一年の論文のなかで、ヨルダン川西岸自治区の水の収奪とフード・セキュリティ（食料安全保障）について報告しています（注14）。非常に豊かな水資源と肥沃な土地に恵まれ、それに支えられた多様な野菜栽培がなされているヨルダン渓谷では、トマト、キュウリ、ナス、ピーマン、トウモロコシ、レモン、オレンジ、ナツメヤシなどが生産されていました。ただ、ナツメヤシや柑橘類の巨大なプランテーションはイスラエルの入植者によって営まれてきました。なんとこのプランテーションで働いているのは、ヨルダン渓谷でも水の使用が厳しく制限され、農業を営めなくなったパレスチナ人たちなのです。彼らはイスラエルで定められた最低賃金よりも低い賃金で働かされていた。入植者の五倍以上もの人口のパレスチナ人が使用できる水資源はヨルダン渓谷のわずか四割にすぎない、と清末さんは述べています。ヨルダン川周辺への立ち入りも許されておらず、近づくとイスラエル兵に射殺される可能性が高い、とも。

飢餓とは「低関心」による暴力

ガザ地区もヨルダン川西岸もイスラエルの都合のいいように、水と土地が支配されています。そのとどめのようなかたちで、さきほど述べたように、二〇〇七年からイスラエルはガザ地区を封鎖し、翌年から食料や衣料品、電気の供給を制限しはじめました。「青空の見える監獄」です。食も失われ、下水道は電気で処理できなくなるので、地下水も海も汚染されます。さらに、二〇二三年十月七日、ハマスが軍事作戦「アル・アクサ洪水」を実行しイスラエルに攻撃を仕掛けて以来、イスラエルは、その被害者数として発表している一一三九人と一桁異なる三万五〇〇〇人を超える人びと（行方不明者は含まれない）を空爆と地上戦で殺害してきました（二〇二四年五月十二日現在）。それだけではありません。二〇二三年十二月十八日、国際人権団体ヒューマン・ライツ・ウォッチ（HRW）は、パレスチナ自治区ガザの人びとを意図的に飢餓に陥れるという戦争犯罪を犯しているとイスラエルを非難しました。二〇二四年二月二十七日には、国連人道問題調整事務所（OCHA）のラメシュ・ラジャシンハム調停局長も、国連安全保障理事会で、少なくともガザ地区の五七万六〇〇〇人が飢餓一歩手前の状態にあり、ガザ北部にいる二歳未満の幼児にかぎると、六人に一人が栄養失調や衰弱した状態にあると訴えています。

農地の意図的な汚染、水源の意図的な収奪、土地の意図的な接収、人間を意図的に飢えさせること。

これらの露骨ともいうべきイスラエルの暴力を調べていくと、バッケの「飢餓計画」を思い起こさずにはいられません。イスラエルも、ナチスと同様に、ある地域を占領しその地域に生きてきた人を追放したり殺したりして、追放された人びととの復讐に怯《おび》えつつ、自国民に食料を確保しようとしてきました。しかもイスラエルは、食料自給率は九〇パーセントを超えているため封鎖という外交カードが切られにくい。イスラエルよりも農業環境がはるかに恵まれている日本の自給率はわずか三八パーセント。どれだけ日本の食料主権への意識が低いか自明でしょう。最先端の農業技術システムが、穀物、野菜、果樹、酪農など世界最高水準の生産力をイスラエルにもたらしています。厳しい風土にもかかわらず、国民を自前で食べさせることに成功しているのです。だから日本はイスラエルを見習えと言いたいわけではありません。くりかえしますが、イスラエルの高い食料自給率はパレスチナ人の犠牲のもとに築かれているのですから。

第I部でも触れた「低関心」がここでも深刻な問題をもたらしています。飢餓とは、低関心による暴力です。「知ってるよ、もちろん」という程度のクイズ的な知識で満足する知のあり方による加害です。奴隷という言葉は知っていても、奴隷のように働くマリの少年はイメージできない。また、低関心は、戦争の暴力の激化とも深く関わっています。イスラエルによるパレスチナ人の生存条件の破壊はもう半世紀以上もつづいていて、ほとんどの人が理解しているべきだったにもかかわらず、なぜこの程度しか知られていなかったのかという問いを私たちは突きつけられています。

そして、今、穀物が金融商品化されることによって食料価格が実需と関係なく変動し、弱い立場にある人びとを飢餓に陥らせます。現在の欧米や日本の食が捨てるほど満たされている一方で、アフリカでは一億人以上が飢えているという構造です。

食の金融化と飢餓の武器化が信じられないほどの権力をもたらすことを深く理解しているアメリカは、二十世紀から現在にいたるまで世界政治の覇権を握ってきました。イスラエルはその独立性と攻撃性を体得した優等生と言え、日本はそれへの従属化を内面化した優等生と言えるでしょう。

かつてそんなアメリカの支配に対し、ナチスが飢餓計画を実施し、ウクライナを支配して挑戦しましたが、壊滅しました。今度はロシアがウクライナを攻撃することでアメリカの支配に挑戦している、と見ることも可能です。

しかし、こうした国際政治的図式から抜け落ちる視点こそ、私は大事にしたいと思います。

農業脆弱国に生きる人びとを彼らはいつでも翻弄《ほんろう》できる。ナチスの入植政策で土地を追われたり、飢餓政策の対象となったりした人たち、穀物メジャーの利益の犠牲となっているカカオ・プランテーションの子どもたち、イスラエル人を食べさせるために殺され、追放され、低すぎる賃金で働かされているパレスチナ人たち。とくにイスラエルの食を通じた暴力の発動は、その歴史に不気味なほど忠実で残虐なのです。私たちの暮らしに欠かせない食べものから歴史を捉え直そうという私の提案は、こうした切実な問題を自分たちの問題として考えたいからにほかなりません。

【注】

（1）リジー・コリンガム（宇丹貴代実＋黒輪篤嗣 訳）『戦争と飢餓』河出書房新社、二〇一二年

（2）藤原彰『餓死した英霊たち』ちくま学芸文庫、二〇一八年

（3）阮蔚『世界食料危機』日経プレミアシリーズ、二〇二二年

（4）藤原辰史『カブラの冬――第一次世界大戦期ドイツの飢饉と民衆』人文書院、二〇一一年

（5）キャロル・オフ（北村陽子 訳）『チョコレートの真実』英治出版、二〇〇七年

（6）松平尚也「穀物メジャーが食料価格高騰で増益・資産急増～世界経済のグロテスクな失敗例等の批判相次ぐ」Yahoo! News『農業ジャーナリストが耕す「持続可能な食と農」の未来』、二〇二二年四月三十日。https://news.yahoo.co.jp/expert/articles/957e39926c1ebee799cd263be692f87b93ffde39（最終閲覧日二〇二四年五月七日）

（7）農林水産省『食料安全保障月報』第三二号、二〇二四年二月

（8）楢橋広基＋亀山達也「拡大を続けてきたウクライナとの経済関係（中国）――侵攻による影響は既に顕在化」『地域・分析レポート』日本貿易振興機構（JETRO）、二〇二二年六月三日。https://www.jetro.go.jp/biz/areareports/2022/b1c9856093b18fc7.html（最終閲覧日二〇二四年五月七日）

（9）スコット・レイノルズ・ネルソン（山岡由美 訳）『穀物の世界史――小麦をめぐる大国の興亡』日本経済新聞出版、二〇二三年

(10) 平賀緑『食べものから学ぶ現代社会——私たちを動かす資本主義のカラクリ』岩波ジュニア新書、二〇二四年
(11) Nationalsozialistische Landpost. Hauptblatt des Reichsnährstandes, March 20, 1936.
『ナチス・ドイツの有機農業　新装版——〈自然との共生〉が生んだ〈民族の絶滅〉』柏書房、二〇一二年、一四七頁
(12) Forensic Architecture, "HERBICIDAL WARFARE IN GAZA," July 19, 2019.　https://forensic-architecture.org/investigation/herbicidal-warfare-in-gaza（最終閲覧日二〇二四年五月七日）
(13) 土井敏邦『占領と民衆——パレスチナ』晩聲社、一九八八年、九八-九九頁
(14) 清末愛砂「占領下における水の使用権と農業問題——パレスチナ・ヨルダン渓谷を例にして」『GLOCOL BOOKLET』七号、大阪大学グローバルコラボレーションセンター、二〇一二年

【参考文献】

- ロジャー・サロー＋スコット・キルマン（岩永勝 訳）『飢える大陸アフリカ——先進国の余剰がうみだす飢餓という名の人災』悠書館、二〇一一年
- ティモシー・スナイダー（布施由紀子 訳）『ブラッドランド　上・下——ヒトラーとスターリン　大虐殺の真実』ちくま学芸文庫、二〇二二年
- Wigbert Benz, *Der Hungerplan im "Unternehmen Barbarossa" 1941*, Wissenschaftlicher Verlag Berlin, 2011.
- Gesine Gerhard, *Nazi Hunger Politics: A History of Food in the Third Reich*, Rowman & Littlefield, 2015.
- Christian Gerlach, *Der Mord an den Europäischen Juden: Ursachen, Ereignisse, Dimensionen*, C. H. Beck, 2017.
- Alex J. Kay, *Exploitation, Resettlement, Mass Murder: Political and Economic Planning for German Occupation Policy in the Soviet Union, 1940-1941*, Berghahn Books, 2006.

III

鼎談

「本当の意味での世界史」を学ぶために

――第Ⅲ部は、第Ⅰ・Ⅱ部の内容をふまえて、二〇二四年四月十日におこなわれた鼎談です。

――シンポジウム「人文学の死――ガザのジェノサイドと近代五百年のヨーロッパの植民地主義」のパネルディスカッションのなかで、岡先生は「今必要なのは、本当の意味での世界史です」とおっしゃいました。これからの世界史を学ぶための手がかりを、先生方とともに考えたく思います。

今の世界史は地域史の寄せ集め

岡　まず、私からいくつか問題提起をさせていただきます。

「世界史」として私たちが学んできたものは、じつは「地域史」の寄せ集めにすぎなかったのではないかと思います。日本の場合だと、日本史、中国史、西洋史があり、西洋史のなかにある時期からアメリカ史が出てきて、辻褄《つじつま》を合わせるために東と西の中間地域もやって……というような。

一般に、大航海時代からグローバル化がはじまり、近代になると考えられています。西欧を中心とするこのような近代観に対して、中東の専門家である板垣雄三先生は、イスラーム世界は七世紀から近代だとおっしゃっています。七世紀以来、イスラーム世界では「都市化・商業化・政治化を促すアーバニズム（都市性）の展開を通じて、個人主義・合理主義・普遍主義を土台とするモダニティー（近代性）が発現してきた」（注1）と。また、地球規模のつながりを築いたという意味では、最初のグローバル化は、現代の資本のグローバル化のはるか以前、イスラームかもしれないですよね。今の中国西部からヨーロッパまで、ユーラシアとアフリカにまたがる地域がひとつの文明圏になったわけですから。

また、私たちが今、「アメリカ大陸」と呼んでいるところを、一部の先住民族は「カメの島」と呼んでいました。先住民の神話世界では、大陸がカメの姿に見立てられたからです。その「カメの島」にヨーロッパ人がきて、大陸を「発見」し、白人探検家の名前をとって「アメリカ」と名づけた。そもそも大航海時代は奴隷を求めることではじまりました。ネットフリックスのドキュメンタリー「はじめから烙印を押されて」が描いているとおりです。

今私たちがいう「近代」は、約五百年前に植民地主義のグローバルな展開としてはじまりましたが、そのようなヨーロッパ中心の歴史観では見えないものがたくさんあります。

一九四八年にイスラエルの建国が宣言されますが、イスラエルではこれを「独立宣言」といいます。でも、イスラエルという国はもともとパレスチナ人が住んでいた土地に、ヨーロッパ人が入植してつくった植民地主義国家であって、それを「独立」と呼ぶのはおかしい。私はそのことを批判してきましたが、考えてみると、アメリカ合衆国については「独立宣言」、「独立記念日」という言葉をまったく怪しまずに、ふつうに使っていました。アメリカもイスラエルと同じ入植者による植民地主義の国家です。ヨーロッパの植民地主義の手先としてこの大陸に入っていった者たちが、いってみればマフィアのように、親組織に従属せずに「シマ」を自分たちで支配したほうが得だということで、反旗を翻《ひるがえ》した。これがアメリカの「独立」です。住民にとっては、侵略者に支配されるという状況はまったく変わらない。にもかかわらず、私たちはそれを「独立」と寿《ことほ》いでいたわけですね。

今の世界史には、「構造的欠陥」があると思います。ある部分の歴史が見落とされている、すっぽり抜け落ちている、というよりも、歴史や世界というものを私たちが考えるときの視野そのものに、構造的な問題があるのではないか。一言でいえば、私たちは西

岡真理

洋中心主義、白人中心主義の視点でしか歴史や世界を見ることができていない。これは研究者個人の問題というよりも、既存の学問自体がそうした構造によって生み出されているので、批判されてこなかったのではないでしょうか。

そのことが今回のガザのジェノサイド攻撃によってあらわになったように思います。ガザ地区の人口二三〇万のうち、現時点ですでに約一〇万人、つまり約五パーセントが死傷しているというような、誰が見てもジェノサイドだという状況になってはじめて、これまで中東の問題だと思われていたことがじつはグローバルな問題であったと、ようやく、わずかですが、気づかれるようになりました。

「西」とはなんなのか？

岡　それから、国際社会について語るときに「西側諸国」という言葉が使われますが、いったい「西」ってなんなのでしょうか。二〇二二年にウクライナ侵攻が起きたときにも、「西側」という言葉が盛んに使われましたね。

日本語では「西洋と東洋」、東西対立があった冷戦期には「西側と東側」という言葉が使われてきました。英語の the West と the East、Western Countries と Eastern Countries、あるいは Occident と Orient を日本語にするとき、文脈によって「西側／東側」「西洋／東洋」に使い分けます。東西対立の西側・東側と地理的な西洋・東洋では、概念として異なるもののように思われているけれど、西洋の諸言語では日本語のような使い分けはなく、あくまでも「西」と「東」として区別されてきました。「東」は、野蛮で、専制的で、非民主的な世界、それに対して「西」は、文明的で、平和や自由を愛し、人権を擁護し、民主的であるというようなイメージとともに語られる。東西対立がなくなった現在でも、中国やロシアに対して米欧は自分たちを「西側」と呼んでいます。

でも、グローバルに植民地支配を展開し、その先々でジェノサイドをおこなってきたのはヨーロッパ、アメリカ、そして日本も含めた「西」ですよね。今のガザのジェノサイドに対して、人権を尊び、自由や平和や民主主義を愛すると標榜し「西側」を自称してきた国々が、どういう態度をとっているでしょうか。アメリカは、世論調査ではイスラエルの攻撃をやめさせろという市民のほうが多いにもかかわらず、バイデン政権はその声を無視して、イスラエルへの軍事支援を継続し、ジェノサイドに共犯しています。そして、イスラエルを批判しパレスチナに連帯する人びとを弾圧し、表現の自由や民主主義を国家が擲《なげう》っている。これだけの夥しい数のパレスチナ人が目に見えるかたちで命を奪われてはじめて、これはおかしいんじゃないか……ということに、私たちは今ようやく気づきはじめています。

パレスチナ問題は、旧約聖書やクルアーンの時代にさかのぼって、イスラーム教徒とユダヤ教徒、アラブとユダヤの関係が……といったような話にされ、中東地域で起きている中東の問題のようにされていますが、そうではありません。徹頭徹尾、ヨーロッパの問題がパレスチナに押し付けられているにもかかわらず、「西洋」の研究者たちは問題を自分とはまったく関係のないことのように考えてきた。その知のあり方自体を問いたい。これが私からの問題提起です。

ナチズムは近代西洋的価値観の結晶

藤原　岡さんからの問いかけを聞きながら、私はまず、自分がどのようにしてドイツ史と出会ってきたのかということを考えました。

発展した、科学の先端である、輝かしいドイツというイメージが、どこか自分のなかにあり、ドイツ史に興味をもったところがあったと思います。実際に中学校や高校の社会や世界史の教科書を開くと、ドイツという国の近代化の歴史、たとえばプロイセンのビスマルクの政治、あるいはカントやヘーゲルやゲーテといった知的巨人の存在が、ある意味でヨーロッパの発展の一ページとして書かれています。

そして同時に、「なぜこの国がナチズムをもたらしてしまったのか」という問いが立てられてきた。西洋が到達した人権、個人の尊厳、民主主義などの概念は普遍的価値であるにもかかわらず、ナチズムがそこから生まれてきたのはなぜかと。しかし、岡さんの話を聞きながら、私自身がドイツ研究に行き着いた経緯をふりかえってみると、その問い自体が偏った見方であることに気づきました。

かつて、ヨーロッパの人たちはアフリカを「暗黒の大陸」と呼びましたが、歴史家のマーク・マゾワーは『暗黒の大陸』（原題“Dark Continent”）（注2）という本において「一体どちらが暗黒だったのか」と鋭く問いました。ヨーロッパこそが暗黒だったのではないかと。彼の専門はギリシア現代史なので、中東世界が近接する立場からこの本を書いているのですね。マゾワーはナチズムをつくりあげたものはすべて西欧で生まれたものだと述べています。人種主義、植民地主義、優生思想、どれもそうですね。

私はこれまで食や農業の観点からナチズムを研究してきましたが、その点からすると、ナチズムはヨーロッパの輝かしい理念から出てきた鬼っ子というよりは、近代西洋的価値観の、ある意味の結晶だと思います。今のパレスチナでの信じられないような虐殺を見ていると、私はいったいナチズム研究で何をしてきたのかと思います。これが今、私の考えていることの一点目です。

「食を通じたイスラエルの暴力」に目が向かなかった反省

藤原　二点目は、入植植民地主義の問題です。私は大学院生のころからナチズムと並行してずっと満洲移民の研究を農学者批判の文脈でしてきました。でも、それをイスラエルのキブツや労働シオニズムとのつながりで意識したことはほとんどありませんでした。イスラエル建国の背景にあるパレスチナ人への暴力について膨大な資料を調査したうえで叙述した、歴史家のイラン・パペの『パレスチナの民族浄化』（注3）などをきちんと読めば、パレスチナに生きてきた人びとの家や農地に、突然イスラエル軍がやってきて武力を振るい、彼らを追放したという状況がわかります。さらに、入植者は肥沃な農地と水源を得ようとどんどん入植地を広げていきます。自分たちの生きていくための糧《かて》をつくることがイスラエルの課題でした。

日本では、一九三二年から満洲への武装移民がはじまりました。世界恐慌の結果、アメリカやヨーロッパに売っていたストッキングの原料であるシルク、つまり養蚕《ようさん》産業の株価が一気に落ちてしまい、農家の生活が立ち行かなくなったなかで生まれてきた解決策が、満洲への棄民《きみん》政策、つまり移民政策です。一九三八年からは、日本の村を半分に割り、一方は村に残って土地を拡張してもらい、もう一方は満洲に渡って新しい村を築いてもらう政策もはじまりました。その精神構造はまさにイスラエルと同じで、未開拓の地を、文明化された勤勉な日本人、大和民族が、指導的立場で開墾《かいこん》していくというものです。もともとあった土地を奪うのではなく開墾していくのであって、西洋植民地主

藤原辰史

義とは違う、とさえ日本は主張していました。

しかし、事実はどうだったかというと、すでに日本の植民地時代やそれ以前から、窮乏した朝鮮人の農民が満洲に渡っていて、水田を開発し、寒さに耐えられるオンドルの家を建てていた。日本はその土地を二束三文で買い叩いて、本国の人を入植させたのです。だから、分村移民がはじまる前の段階では「武装」移民だった。追放された人びとのなかにはパルチザンとして日本と戦った人たちがいたからです。

「民なき土地に、土地なき民を」というスローガンのもとにおこなわれたイスラエルの入植とうりふたつのことが起こっていたのに、私はその関連にまったく思い至らなかった。日本の植民地の歴史を批判しておきながら、こんな比較さえできていなかったことを恥じています。

三点目は、食の問題です。ヨーロッパが主導する五百年の植民地主義の黎明期《れいめい》に、「コロンブスの交換」と呼ばれることが起こりました。ヨーロッパの人びとは、植民地を獲得し、たくさんの人を殺した過程で、新大陸の植物の種を持ち帰った。唐辛子、ジャガイモ、ナス、ピーマン、トマトといったヨーロッパになかった野菜が次々と輸入され、新しい食文化ができていきました。「フードヒストリー」として語られるこの歴史には、つねに奴隷制が関係しています。

たとえば、川北稔《みのる》さんは、砂糖の歴史が奴隷制と切り離せないことについて書きました(注4)。カリブ海地域では、入植者たちがアフリカの奴隷を連れてきて、サトウキビのプランテーションで労働させていた。イスラームと深い関係のあるコーヒーも、ヨーロッパによってプランテーション化され、植民地商品として生みだされて、利益はすべてヨーロッパがもっていきました。これらは今までの歴史研究において指摘されてきたことですが、私は、こうした食をめぐる残酷な状況についてもっと訴えられたはずだし、今後はもっと考えていかなければならないと思っています。

なぜかというと、岡さんが『ガザに地下鉄が走る日』（注5）で書かれていたように、ガザの封鎖は、まさに人びとから食文化を奪っていくことだからです。岡さんがお書きになっていたのは、イスラエルによる産業基盤の破壊により、精白されていない小麦からつくられた美味しいパンやオリーブオイルや新鮮な野菜に彩られた食は廃れてしまい、アメリカからの精白された小麦と安価な植物油の援助物資に取って代わられているという状況です。

そもそもイスラエルの入植によってパレスチナの人は水源や土地を奪われ、豊富な水を必要とするオレンジの木が切られ、比較的水が少なくて済むイチゴの生産が奨励されるようになりました。イスラエルは地下水やヨルダン川の水資源を寡占《かせん》して、キュウリ、ナス、トマト、トウモロコシなどの野菜を大規模に生産しています。封鎖によって土地を囲い込まれ、水資源を断たれてしまった農民はイスラエルから高い水を購入せねばならず、農業を諦めて出稼ぎにいく人もあとを絶ちません。漁業者たちもずっと前からイスラエルの監視のなかで漁場をどんどん失って魚を獲ることができなくなっている。パレスチナ人たちは、イスラエルが占領してからずっと食べものを通して恒常的に緩慢な暴力にさらされてきました。

パレスチナで今まさに食をめぐる暴力が行使されているのに、私は大学の講義でそのことに触れずに、ずっと奴隷と砂糖の問題だけを論じていた。ヨーロッパ植民地主義を食の観点から批判するなかで、パレスチナに対するイスラエルの植民地主義については話してきませんでした。

私たちの生活が奴隷制に支えられている

岡　奴隷制は食だけではなく、たとえば資源に関しても存在しますし、過去のことではなく、かたちを変えて、今に至るまで、システムとしてつづいていますね。

藤原　ＩＬＯと国際人権団体ウォーク・フリー、そして国際移住機関（ＩＯＭ）の共同報告によると、今この世界には五〇〇〇万人の「現代奴隷」がいます。なかでも多いのは性奴隷です。とりわけ難民キャンプの女性たちが売られ、身体的拘束をされて性奴隷にされている。中東だけではなく、ウクライナでも、内戦中のミャンマーでも、女性が連れ去られ、ヨーロッパや日本の性産業に売られています。

漁業と農業においても現代奴隷が使われています。コーヒーやカカオや砂糖の生産に加えて、今大きな問題になっているのはパームヤシです。私たちのシャンプーやチョコレートの原料となるパームオイルの生産現場で児童労働がおこなわれている。キャロル・オフの『チョコレートの真実』にもあるように、チョコレート産業では現在でもマリ共和国の少年たちを奴隷同然に使って、先進国の企業がバレンタインデーで利益を稼いでいます。私たちの生活が現代奴隷に支えられているということを、国連機関が明らかにしているのです。近代の三角貿易の状況は今も変わっていないといえます。

岡　アメリカの奴隷制やホロコーストを描いた映画は、たくさん制作されています。みんなそういう映画を見て、泣いたり感動したりしている。でも、じつは同じことが、今この世界において、むしろより洗練された見えないかたちでつづいている。ホロコーストの映画に描かれているようなことが、ガス室こそないけれど、ガザで起きていますし、私たちのこの生活自体が現代の奴隷制によって成り立っている。そこに目を向けることがないとしたら、私たちはこれらの作品が告発している人間性に反する暴力を、ただのエンターテインメントとして消費しているということです。

藤原さんの話を聞きながら、山口淑子《よしこ》さんのことを思い出しました。戦前は李香蘭《りこうらん》の名で映画スターとして活躍されて、その後、大鷹《おおたか》淑子という本名で参議院議員にもなられた方です。山口さんは満洲国の国策映画会社である満洲映画協会からデビューし、植民地主義に利用されて、戦後、中国で軍事裁判にかけられるという経験があり、日本がおこなった加害の歴史をとてもよくわかっていました。「三時のあなた」というワイドショーのレポーターとして、一九七〇年代前半にイスラエルに取材に行かれて、そこで、イスラエルは満洲だ、パレスチナ人というのは満洲の中国人なんだということを彼女は見抜くんですね。その後、日本パレスチナ友好議員連盟ができると、彼女はその事務局長も務めていました。

私たちは、「植民地主義」という言葉も、日本が中国大陸を占領して満洲をつくったことも、学校で習います。それなのになぜ、イスラエルは日本と同じことをおこなっているということに気づかないのでしょうか。藤原さんのなかで満洲とパレスチナがつながらなかったというのは、藤原さん個人の問題ではなく、構造的な問題があるように思います。

二〇二三年十月二十七日に京大で、台湾研究者の駒込武さんと「歴史の忘却に抗して——パレスチナにおけるジェノサイドを見すえながら、危機の時代における人文知の役割を問う」というセミナーを開催しました。そこで駒込さんが指摘されたように、一九三〇年の霧社事件では、日本の植民地支配下にあった台湾の中央山間部で先住民族が決起して日本人を襲撃し、それに対して台湾総督府は苛烈な報復をおこないました。植民地支配され、そこからの解放を求める側がテロを起こし、植民地主義国家がさらに殲滅の暴力を振るうということを、日本自身がやってきた。満洲でも、一九三二年、反満抗日ゲリラが撫順《ぶじゅん》炭鉱を襲撃し、これに対し平頂山《へいちょうざん》事件という虐殺事件が起こって、抵抗者たちは殲滅されました。こうした歴史が各地にある。私たちが私たち自身の過去を知っていたら、パレスチナについても別の見方が生まれるはずなのに、そのような歴史的な視野をもつことが、むしろ意図的に阻《はば》まれているような気がします。

日本史、西洋史、東洋史という区分は帝国時代のもの

小山　今の戦争が起こり、信じがたい虐殺がつづく状況において、ガザの問題はヨーロッパの問題であるという岡さんの指摘は、私にとって大変重い意味をもつものでした。私は、学問分野の区分けでは「西洋史学」という分野にいます。西洋史学の研究者である自分はなぜ、ヨーロッパの問題であるパレスチナの問題を、あたかも研究領域の外側

にあるかのように感じてしまっていたのか、ということを考えざるをえなくなっていま
す。

さきほど岡さんが、西と東という対立的な区分の問題や、学問の構造的な問題を指摘されましたが、私もそのとおりだと思います。じつは日本の歴史学では、明治以降、世界的に見ても非常に特殊な区分が用いられてきたのです。それは、歴史学の領域を三つに分けるというやり方です。まず「日本史」——かつては国史といいました——があり、そして、残りの部分を「東洋史」と「西洋史」に分ける。日本以外でこの区分をしているのは、私が確認できたかぎりでは韓国だけです。

岡　それは日本の植民地支配の結果ですね。

小山　はい。日本がもたらしたものですね。この三区分が日本でつくられたのは、日清・日露戦争の時代でした。日本が台湾や朝鮮半島を植民地にしたまさにその時期に、「日・東・西」という歴史学の三分割の体制がつくられた。これにはおそらく大きな意味があると思います。

国史とは、つまり、国民国家の物語としてのナショナルヒストリーです。一方、西洋史は、日本が近代国家として発展していくためのモデルとなる歴史を学ぶ領域です。東洋史は、少し複雑で、さかのぼると漢学の伝統の延長線上にあるのですが、明治以降に新しい意味を帯びて、「潜在的な植民地空間」を扱う領域になりました。つまり、この区分は政治的にニュートラルなものではなくて、日本が近代国家として確立していくための歴史学の体制として、戦略的に構築されたものだったのです。

問題は、日本が帝国だった時代が終わって戦後になっても、これがアカデミズムの世界で歴史学の区分として存続しているということです。今、私は京都大学文学研究科の「西洋史学」の専任教員になっているわけですが、これは、日清・日露戦争の時代につくられた枠組みに縛られて教育研究活動をしているということでもあります。

西洋史でパレスチナ研究をしたっていいはずなのに

小山　私がこの問題について考えるようになったのは、約十年前のことです。二〇一三年に京大で日本西洋史学会大会を開催したときに、「東アジアの『西洋史学』——国境を越えた対話をめざして」というテーマを設定して、韓国から歴史学者の林志弦《イムジヒョン》さんをお招きして公開講演をしてもらいました。「西洋史学」という独特な歴史学の分野の存在を、日本だけではなく韓国の研究者とともに、植民地支配の関係する東アジアの問題として捉えて議論するためのシンポジウムです。韓国の歴史学にも「韓・東・西」の三区分があり、日本の歴史学と共通する問題があるということが明らかとなりました。

日本や韓国の歴史学における「東・西」の区別が、学問の構造としてどのような淵源をもち、実際にどのような問題を孕《はら》んでいるかということが林さんの言葉で語られて、とても意味のある講演だったと思います。じつは、日本西洋史学会大会で欧米圏以外の海外の歴史家が基調講演をおこなったのは、このときがはじめてでした。学界には、学問をリードしているのは欧米の研究者であるという強い認識があって、これ自体が、日本の西洋史学という学問がもっている、ある種の植民地性を表していると思います。

しかし、その後も制度を変えようという声は西洋史研究者からほとんど上がらず、私は気持ちが萎《な》えるような思いをしました。一方で、二〇二二年に日韓歴史家会議で韓国の先生方から、ソウル大学校の人文大学は歴史学科の「韓・東・西」という三区分をやめるということを知りました。

小山哲

藤原　どんな枠組みに変えるんですか。

小山　「グローバル・ヒストリー」にするそうです。もちろんそれぞれの教員や学生が専門とする地域はあると思いますが、それを韓・東・西の枠にはめないという意味だと思います。カリキュラムを根本から組み替えなければならない大きな改革なので、採用までには激論が交わされたということでした。それでも、韓国の歴史家たちは、日本とほぼ同時期に問題に気づいて、議論して、ちゃんと変えているということですね。

ただ、そんな問題を取り上げてきた私自身が、ポーランド史を研究しながら、そこで起こった問題の結果としてユダヤ人がパレスチナに移住し、パレスチナに住んでいた人が土地を追われて抑圧されるという歴史を追ってきませんでした。なぜかと考えると、私自身の学問的な力不足もあるとは思いますが、同時に、これは西洋史のテリトリーではないという潜在的な意識があったかもしれないのです。

これは私の研究だけの問題ではなく、たとえば大学で、中東地域の歴史を研究したいという学生がいたら、おそらく教員たちは、たとえば京都大学の文学部であれば「それなら、西南アジア史に進むのがいい」と言うと思います。なんでそう言ってしまうのか。西洋史でパレスチナの問題を研究したっていいし、むしろそうすべきなのかもしれないのに。大学の教育のごく日常、ガイダンスで学生たちにどういうメッセージを投げかけるかというところから考え直す必要があると思っています。

ポーランドのマダガスカル計画

小山　もうひとつ、「本当の意味での世界史」について考えるときに、世界のつながり方をどういう次元で捉えるのか、という問題があると思います。これから私はある具体例を挙げますが、そこでの「グローバルな歴史のつながり」は、私たちがめざすべき世界史とはおそらく違うものです。

一九二〇年代後半から三〇年代のポーランドで、ポーランド人がマダガスカルに移住して植民地化するという構想が議論され、実現に向けての行動がとられたことがありました。

岡 ユダヤ系ポーランド人だけでなく、それ以外のポーランド人の入植が計画されたのですか。

小山 はい。当初は、ユダヤ人を送りこむべきだという主張が強かったようです。当時のポーランドには深刻な反ユダヤ主義（反セム主義）の風潮があり、この社会問題を外部に押し付けてしまおうと考えた人たちが強い声を上げたわけですね。マダガスカルはフランスの勢力圏にありましたが、一九三〇年代後半には、ポーランド外務省がフランス政府と交渉して、正式な調査団をマダガスカルに派遣することになりました。ところが、なんとも皮肉でもあり、ヨーロッパのエゴイズムはこういうところに現れるのかとも思うのですが、その調査団がマダガスカルはすごくよいところだというレポートを送ると、ユダヤ人よりもそれ以外のポーランド人が行って植民したほうがいいんじゃないかという意見が出るようになったのです。結局、一九三九年にドイツがポーランドに侵攻して第二次世界大戦がはじまったことで、この計画は頓挫しました。

私が注目したいのは、ポーランドがマダガスカル計画を正当化するために、マウリッツ・ベニョフスキーという近世の人物のエピソードを利用したということです。

ベニョフスキーは十八世紀に、今でいうスロバキアにあたる地域で生まれました。第一次ポーランド分割の直前にあたる一七六八年、ポーランドの貴族たちがロシアの内政介入に反発してバール連盟戦争が起こると、ベニョフスキーはポーランド側に加わって戦います。このとき彼はロシアの捕虜になってシベリアに流されたのですが、カムチャッカの海岸で仲間とともに船を奪って逃げました。日本近海を航海し、彼の書いた回想録には奄美《あまみ》大島やマニラに上陸したという記述もあります。最終的にインド洋を渡ってヨーロッパに戻り、フランスに逃れました。そこでフランス国王ルイ十五世に気に入られて、マダガスカルの経営を委《ゆだ》ねられました。彼がのちに述べたところによれば、先住民からマダガスカルの王と呼ばれるような地位に就いたのです。

このエピソードをポーランドは利用して、マダガスカルはポーランドと縁がある、ポーランドがこの島に植民地をつくることは歴史的に意味があるという言論をつくりだしました。バール連盟の戦いに加わってロシアの捕虜になったという話は、ポーランド人にとってはとても胸を打たれる物語なのです。それが使われたということですね。

ベニョフスキーのエピソードは、たしかに「グローバルな広がり」をもっています。ユーラシア大陸を西から東に横断して、アジアを通り、アフリカまでつながるような、ある意味で壮大なナラティブをつくれる。でも、ひとりのヨーロッパの白人男性がつなげたこの歴史を、本当の世界史と呼べるのか。近世における入植植民地主義の事例としては使えるかもしれませんが、これをポジティブな意味合いで語ることは私たちのめざすことではないと思います。

それでは、これをどういうふうに脱構築し、どういう角度から光を当てれば、ちがう語りを提示できるのか。ひとつのやり方は、マダガスカル島の人たちからこの一連の出来事がどう見えたかを語ることだと思いますが、それをやってみろといわれると、正直なところ、どうやったらいいか私にはまだわかりません。手がかりになるような史料や、そのような視点に立った文献にまだ出会ったことがないのです。

民族の悲哀を背負ったポーランドは、大国主義でもあった

小山　マダガスカル計画をめぐって、もうひとつ問いたいことがあります。ポーランドは、いわゆる列強ではありませんでした。ポーランド分割後、十九世紀を通じて、独立を求めて三つの帝国と戦い、そのたびに鎮圧されるという歴史が百年以上つづきました。第一次世界大戦によって状況が変わり、一九一八年に独立を果たします。帝国の支配によって苦しんだ経験をもつ人びとがつくった国でした。しかし、その歴史を背負う人たちも、国をもつと、今度は自分たちも植民地をもつ強国になるべきであり、そうなれるのだと考えるようになったのです。この現象は、シオニズムの運動にも共通して見られる問題ではないかと私は思います。

岡　一九二〇年代から三〇年代のポーランドは、どういう状況だったのですか。

小山　独立した多民族国家でした。ポーランドを分割支配していた三つの帝国が、すべて第一次世界大戦で倒れたのです。ロシア帝国は革命で倒れ、ドイツ帝国とオーストリアのハプスブルク帝国は敗戦国となりました。

独立後のポーランドを民族別にみると、マジョリティはポーランド系ですが、リトアニア系、ベラルーシ系、ウクライナ系の人たちがいて、さらにユダヤ系がいて、ドイツ系もバルト海沿岸にいるという多民族国家です。独立するまでは分割支配されていて、国境線で隔てられていた地域がひとつの国になったために、鉄道も十分にはつながっておらず、経済的に困難な状態でした。

岡　その経済的状況をお聞きしたかったんです。入植者による植民地とほかの植民地との大きな違いとして、入植者たちがわざわざそんなところに行くのは、やはり故国で生活が立ち行かなかったり、迫害されていたりするからですね。満洲も、日本で食べていけない人たちが入植していった。

小山さんが第Ⅱ部の講義でおっしゃったように、当時、ポーランドやウクライナといった地域からたくさんのユダヤ人がパレスチナに渡りましたが、ユダヤ人のあいだでパレスチナが人気だったわけではなく、ユダヤ人移民の大半はアメリカに行きました。ユダヤ人の場合はポグロムが原因ですが、ポーランドの人がマダガスカルに入植しようとした背景には、人びとが独立した国をもったこと以上に、今いる国では食べていけないという問題があり、そこから植民地主義の発想が出てくるのではないでしょうか。

小山　根底にあるものはそのとおりだと思います。加えて、一九二〇年代末に世界恐慌が起こると、失業問題はさらに深刻化しました。マダガスカル計画を論じるなかで「人口圧」という言葉が盛んに使われましたが、これは、経済の規模に比べて国内の人口が過剰なので、口減らしをしなければならないという文脈においてのことでした。そして、そのような主張を正当化するためのイデオロギーとして、「強国主義」ということが言われたのです。ポーランドはヨーロッパの他の国と肩を並べる強国になるべきだし、なれるのだという主張です。これが独立して間もないポーランドの人たちの愛国心を掻き立てていく。そういう言論の構造のようなものができていったのです。

日本のポーランド史研究者、とくに私よりも上の世代は、あまりこういう視点をもって研究してこなかったと思います。どちらかというと国家を失った人びとによる民族解放運動の経緯に関心をもっていて、そこから植民地主義的発想や、帝国志向や、強国化を主張する流れが出てきたことへの問題意識が少なかったのではないかと。

岡　とても重要なご指摘だと思います。ポーランドというと、分割されて、ショパンに象徴されるような「民族の悲哀」の歴史を背負っているというイメージが強いですが、たしかにそうした歴史がありつつも、一方で植民地主義国家になろうとしていた。ポーランドとマダガスカルをつなげ、さらにはそれが満州やパレスチナとつながる、そのような視野から、グローバル・ヒストリーが開けていくように思います。

イスラエル問題ではなく「パレスチナ問題」

岡　パレスチナの問題について、「イスラエル問題」と呼ぶほうが適切ではないか、と言われることがあります。パレスチナの現状を生んでいる大きな原因は、イスラエルの存在にあるからです。でも私は、やはり「パレスチナ問題」と言わなければならないと思うんです。イスラエル問題というと一九四八年以降の話として捉えられかねないけれども、そもそもなぜイスラエルという国がこのようなものとしてパレスチナにあるのか、なぜシオニズムのような思想が誕生したのか、考えなければなりません。

シオニズムの淵源には、ヨーロッパ・キリスト教社会における歴史的なユダヤ人差別と、植民地主義の問題があると思います。グローバルな植民地支配の結果、「人種」が発明され、レイシズムが生まれて、近代以前は信仰を理由に差別されていたユダヤ教徒が人種として差別されるようになりました。反セム主義というものは、ユダヤ教徒のことを、同じドイツ人のユダヤ教徒、同じ英国人のユダヤ教徒ではなく、「お前たちは俺たちとは違う、中東に由来するセム人だ」と人種化し、反セム人同盟をつくって、国から追い出そうとするレイシズムです。シオニストのユダヤ人は、この反セム主義と闘ったのではなく、むしろそれを積極的に受け入れた。「私たちはセム人であり、パレスチナに起源をもつ民族だ。だから、我々はパレスチナに祖国をもつ権利がある」といって、反セム主義を自分たちの行動を正当化するための資源にしていきます。

信仰の人種化としての反セム主義は植民地主義の産物ですが、シオニストはそれを逆手にとり、英国の軍事力を背景にしてパレスチナに入植するという植民地主義のやり方をとった。植民地主義と歴史的なユダヤ差別が何重にも絡まっていて、たんにイスラエル問題、つまり二十世紀の問題ということはできないんです。

イスラエルの暴力の起源は東欧に？

岡　イスラエルは、東欧の旧ロシア帝国領のユダヤ人が入植してつくった国ですが、現在の人口では、アシュケナジーム（中欧・東欧出身のユダヤ人とその子孫）は三二パーセントで、エスニック・マジョリティはヘブライ語で「ミズラーヒーム」と呼ばれる東方系ユダヤ人です。イラクやモロッコといった中東・イスラーム世界のアラブ系だったり、マグレブ（北アフリカのリビア以西の地域）のベルベル系、トルコ、イランの人たちが四五パーセントを占めています。そのほかに、エチオピアやインドなどいろいろなルーツがあります。

もっとも人口が多いのはミズラーヒームですが、小山さんの講義に触発されて歴代のイスラエル首相を確認したところ、現在のネタニヤフにいたるまでずっと、全員がポーランド、ウクライナ、ベラルーシ、リトアニア、ルーマニア、ユーゴといった東欧の出身者やその二世だとわかりました。

ヤコヴ・ラブキンさんという歴史学者がいます。旧ソ連出身で、カナダに移住されてから敬虔な正統派ユダヤ教徒になり、その立場から研究をされていて、『トーラーの名において』（注6）という著書では、ユダヤ教徒がいかにシオニズム誕生のはじめからこれを批判してきたかということを論じておられます。そのラブキンさんが書かれた英語の論考“On Political Tradition and Ideology: Russian Dimensions of Practical Zionism and Israeli Politics”（「政治的伝統とイデオロギーについて――実践的シオニズムのロシア的側面とイスラエルの政治」）（注7）を最近、読んだのですが、とても興味深い内容でした。現在のイスラエル国家の暴力主義の起源のひとつは東欧にあるのではないか、という見方が提示されています。

ラブキンさんによれば、ロシア語にしかない区別だそうですが、「ユダヤ国家」の「ユダヤ」にあたる部分に、ロシアや東欧のシオニストは「民族」を意味する「イェヴレイ（yevrey）」（日本語の「ヘブライ」に相当）を用い、これに対して、ユダヤ教徒やユダヤ教など信仰にかかわる「ユダヤ」には「イウデイ（yiudey）」を用いて区別していたそうです。つまり、「ユダヤ国家」の「ユダヤ」と、「ユダヤ教」の「ユダヤ」は、ロシア語では別の言葉なのです。シオニズムにおいては、「ユダヤ国家」のユダヤ人であることと、ユダヤ教を信仰するユダヤ人は、ぜんぜん別物としてあった、ということです。

ロシア帝国内のユダヤ教徒居住区（Pale of Settlement、一一三頁の地図参照）に集められていた人びとは、かなり世俗的なユダヤ教徒も多く、ハスカラー（ユダヤ教固有の伝統を脱し、近代ヨーロッパ社会に適応することで差別からの解放を求める運動。個人の解放をめざす啓蒙主義の影響を受け、十八世紀後半から十九世紀に起こった）もあったことで、伝統的なユダヤ教のイェシヴァー（タルムードを学ぶ施設）よりも、ロシア領内の大学への進学を希望する者が多くなっていました。同化志向があったのですね。でも、ロシアの大学を出ても、就ける職業は制限され、ポグロムが絶えない状況がつづくなかで、彼らが非常に「革命的」になっていく流れが生まれたそうです。ブンド（共産主義者同盟）に参加したり、メンシェヴィキやボリシェヴィキに入ったりするユダヤ人が増え、そのなかでシオニストになった者もいた。彼らに共通するのは、革命を肯定する点です。革命的暴力には理があるという思想をもったシオニストたちが、パレスチナに入植していった。

ユダヤ教の教えは本来、戦うこと、暴力を否定します。暴力を振るわないことこそが人間の勇気だと教える。軍や国家をもってはいけないというのが、すくなくとも紀元後のラビ・ユダヤ教の教えです。旧約聖書に書かれてあるように、神がユダヤ人を自らの民として選んだのは、ユダヤ人が優れていて強いからではなく、もっとも卑小だからでした。しかし、ポグロムがある社会でユダヤ教の教えにしがみついていたら、自分たちは殺されるしかないという考えが生まれ、人びとは暴力を是《ぜ》とする革命へと駆り立てられていきました。

ラブキンさんは、東欧の人びとの、暴力によって社会を変えようとするメンタリティが、今のイスラエルの在り方にいったいどこまで影響しているのかを学術的に検証すべきだと述べています。入植者植民地主義とはまたちがう角度からイスラエルに光を当て、イスラエルという国家がパレスチナ人に対して暴力を振るいつづけていることと、東欧出身のユダヤ人が現在に至るまでイスラエルの政治的・軍事的なリーダーでありつづけ、東欧の近代の歴史のなかで彼らの思想的祖先たちが革命的暴力に魅入られていったことに、つながりがあるのではないかと示唆《しさ》しています。

今のイスラエルのやり方は異常

小山　難しいですね……。この問題は、あの地域のユダヤ人だけのものではないかもしれない。東欧では十九世紀にいろいろな民族運動が起こります。ポーランドもウクライナもリトアニアも、少し遅れてベラルーシも、それぞれが、自分たちはネーション（民族）であって、自らの国をつくるべきだという発想で政治運動を各地でおこないました。シオニズムもその流れのなかで生まれて展開していったのではないかと私は見ています。一つひとつの運動を個別に取り出して見ても問題は解けなくて、帝国による支配の下で従属的な立場に置かれた人たちのさまざまな民族運動は、相互に参照しあっているのです。

岡　小山さんが講義で紹介されていた、黎明期のシオニストのレオン・ピンスケルは、そもそも啓蒙主義者で、ポーランド人として平等に生きることを望んでいた。一八八一年にポグロムが起き、彼が大きな衝撃を受けたのは、暴力の担い手のなかに都市の知識人や学生がいたからでした。それで、反ユダヤ主義は不治の病なんだという考え方になっていった。教育を通して啓蒙することによって反ユダヤ主義はなくなると思っていたのにそうではない、と絶望して、ユダヤ国家の建設を主張するようになったという経緯があります。東欧における、この根深い反ユダヤ主義とはなんなのでしょうか。

小山　これもまた、難しい問題ですね。ユダヤ人に暴力が向けられ、それに対してユダヤ人のほうも対抗する、という局面だけで、暴力がひどいかたちで現れているわけではないと私は思うのです。

ポーランドでは十九世紀に民族蜂起が何度か起こりますが、支配する帝国側の軍や警察によって非常に手荒く弾圧されて、その経験が、民族のなかで世代を超えて継承されるトラウマのようなかたちで記憶されていきます。

また、第二次世界大戦中の特殊な状況においてですが、ドイツ占領下で、ウクライナ民族運動とポーランドの地下組織とのあいだで、非常にむごたらしい殺し合い（ヴォルィーニの虐殺）が起こりました。軍事組織のメンバーだけではなく、農村の女性や子どもも殺されました。

この地域でときどき吹き出してくるそうした暴力性を、どう考えたらよいのか。ティモシー・スナイダーが「流血地帯」と呼び、地図上で黒く塗られた地域（一一六頁）で行使されてきた暴力というのは、ユダヤ人の問題だけに現れるものではないように思います。

ポーランド民族運動も、ウクライナ民族運動も、結局、軍事組織をつくっていきます。

ポーランドでは第一次世界大戦のときにポーランド軍団がつくられ、ユゼフ・ピウスツキが率いて、独立をめざして戦いました。支配者であった三つの帝国が革命で解体したり敗戦国になったりしたという国際情勢もあって、ポーランドは独立を勝ち取ります。同じように戦ったウクライナは、そのときは独立できなかった。いずれにしても、民族運動には、武装した集団をつくって戦う側面があります。東欧の独立運動は平和的な運動ではありません。

岡 東欧にかぎらず、平和的に独立した民族はほとんどないのではないでしょうか。とりわけ、植民地支配、帝国の支配を受けた地域では。アイルランドでもアルジェリアでもテロは起きているけれども、東欧の民族運動は、そういうものとはちがうすさまじい暴力だったということでしょうか。

小山 暴力のすさまじさというのは、簡単に比較できない問題だと思います。東欧の民族運動は軍団として戦ったので、相手の軍隊の兵士ではない民間人を無差別に虐殺してまわるということは、さきほど触れた第二次世界大戦中のドイツ占領下のような特殊な状況を除けば、ふつうは起こりませんでした。

そういう意味で、今のイスラエルの軍事力の使い方は、私は異常だと思う。軍事力を使った民族運動の、歴史的なさまざまな事例に照らしても、今のイスラエルのやり方は異常です。彼らが国家権力を握っているわけですから。支配している立場にありながら、特定の民族集団を壁で囲い込み、そのなかに爆弾の雨を降らせて、食料を絶って飢餓状態に追い込むというのはありえない。到底容認できないことです。

だけど、そうなる前に、十九世紀後半にシオニズム運動が立ち上がった当時の状況に立ち返ってみると、彼らの考えていること、やろうとしていることというのは、ほかの東欧の諸民族の運動のかたちとそんなにちがうものではありません。問題は、なぜ、そのなかでシオニズムの運動が非常に突出した暴力を行使するシステムをつくりあげてしまったのかというところだと思うんですね。

押してはいけないボタン

小山　近代という歴史の局面において、民族の自立を掲げて、暴力的手段も併用しながら国民国家をつくっていくさまざまな運動が、ヨーロッパから世界中に広がっていきました。そのような運動にはある種のフォーマットがあって、日本もそれを受け入れました。つまり、国土があって、国境線があって、国民がいて、国のシンボルとして旗があって、国の歌があって、国民文学があって、学校教育で国語や文学や国史を教える。どの国も、どのネーションも、そのようなフォーマットにしたがって国をつくろうとするわけです。

そのフォーマットのなかには、とても暴力的なボタンがあって、ふつうそれは押してはいけないと多くの人が感じている。押してしまうと、イスラエルのようなことになる。そのボタンは、潜在的にどのネーション（国民国家）にもあるのだと私は思います。たとえば、ポーランドの場合だったら、さきほどのマダガスカル計画です。強国になるには植民地が必要で、それはたとえばマダガスカルだ、というような発想がやはりあるのです。ボタンを押しかけて、しかし結局最後までは押さないで次の歴史の局面に進んでいったから、ポーランドはイスラエルのようになっていないだけだと思います。ウクライナの民族運動からも、ウクライナ自体が帝国になるべきだという主張は出てきました。

だから、私は、あらゆるネーションのフォーマットのなかにそのボタンがあるのだと思います。ただ、やはり押してはいけないということで、どこかでそれを抑える力もはたらくから、ふつうはイスラエルのようにはならない。

日本にはかつて、はっきりとボタンを押してしまった過去があります。そのこともふまえつつ、今ガザで起こっている問題についても、悪辣《あくらつ》で特殊な人たちが繰り広げているのではなく、私たちもいつでもボタンを押してしまう可能性をもっているということをわかって見なければならないと、私は考えています。そう考えることによって、パレスチナの問題が私たちの問題にもなると思います。

岡　日本もボタンを押したし、アメリカも押しつづけていますよね。ヴェトナムでも、アフガニスタンでも、イラクでも。広島・長崎もそうだと思います。

核の時代の世界史

藤原　ボタンという言葉を聞いて、核兵器のボタンを思い出しました。ドイツとイスラエルの関係史を読んでいても（注8）、西ドイツ初代首相のアデナウアーがイスラエル初代首相のベン＝グリオンを秘密裏に支援して、イスラエルの軍事国家化に貢献しました。表向きはあくまで経済援助というかたちですが、実際にはイスラエルがパレスチナに行使する暴力をドイツが支えていたということが明らかになります。ドイツは同時にパレスチナも支援しますが、イスラエルも軍事支援する、という二律背反的な行為をつづけます。

そのなかでイスラエルは核兵器をもつに至りました。ドイツはどういうふうにイスラエルを支えたかというと、イスラエルのネゲヴ地方に、海水を淡水に変えて砂漠を緑化するプロジェクトが立ち上がるんですね。海水を淡水化するには膨大な電力が必要だということで、原子力発電所が推進されました。ドイツは原発を建設して塩水を脱塩するプロジェクトとして、一九六一年から六五年にかけて約六億三〇〇〇万マルクという巨額をイスラエルに送りつづけた。しかし、実際はそのお金は緑化のためには一切使われず、核兵器の開発のために使われたというのです。

何を言いたいかというと、さきほど岡さんがすぐに広島・長崎に言及されましたが、人の存在を消すボタンのひとつとして、二十世紀以降のアトミックエイジ（核時代）の問題は避けては通れないと思います。ドイツの秘密軍事援助にも、戦車や戦闘機だけではなく核があった。核を援助しているということをわかりながらやっていた。「本当の意味での世界史」を考えるときに、そういう歴史を考えることは欠かせないと思います。

小山　イスラエルがなぜ核保有国になりえたのかというのは大きな問題ですね。

岡　イスラエルへの軍事支援額の圧倒的一位はアメリカですが、第二位はドイツなんですよね。

藤原　第二次世界大戦が終わったあと、ドイツや日本はある意味で軍国主義から少し離れたように見えるけれど、日本の自衛隊の軍事力ランキングは世界七位でイスラエルよりも上ですし、ドイツはイスラエルとのあいだで軍事力を売り買いして儲けています。アウシュヴィッツに関わった企業も、もちろんほとんどがニュルンベルク裁判で裁かれましたが、ではその後、暴力によって被害を受ける人たちを犠牲にすることで利益を得てこなかったか、という問いは、依然として残っています。

「反ユダヤ主義」という訳の誤り

藤原　それと、「反セム主義 Antisemitism」についての岡さんの指摘にはハッとしました。ドイツ現代史研究者はこの言葉を「反ユダヤ主義」と訳すことで、多くの現象を見落としてきたと思います。つまり、シオニストたちが人種主義の思想を根拠にしてパレスチナに入植し、国家を築いていったという現象が、「反ユダヤ主義」と訳すことで見えなくなってしまう。

ドイツ語にも「反ユダヤ主義 Antijudaismus」という言葉はあるのですが、ナチスが重宝した「人種学」という似非《えせ》学問で用いられる「専門用語」はいつも「反セム主義 Antisemitismus」です。二十世紀初頭から、生物学的なメンデリズム（メンデルの法則にしたがって生物の遺伝や進化を説明しようとする思想）も人種学を一層強化しています。遺伝の法則にしたがって、「劣悪」な遺伝の根源を探るような人種学者たちがナチスの思想を支えます。

岡 ただ、そのシオニズムが、今は逆に「ユダヤ化」されているんです。

小山 再宗教化ですか。

岡 イスラエルの建国者たちがつくろうとしたのは、ユダヤ教とは手を切った、新しいヘブライ人の国でした。だから、敬虔なユダヤ教徒たちは、シオニズムをずっと批判してきました。しかし、今は、再び聖書に依拠して、パレスチナどころか、ナイル川からユーフラテス川まで神がユダヤ人に与えた約束の土地であり、ユダヤ人のものだと主張する宗教的ナショナリストの力が増しています。ネタニヤフ政権が連立を組んでいるのが、そうしたウルトラ極右の宗教政党なのです。

【注】

（1）板垣雄三『イスラーム誤認――衝突から対話へ』岩波書店、二〇〇三年、一五頁
（2）マーク・マゾワー（中田瑞穂＋網谷龍介 訳）『暗黒の大陸――ヨーロッパの二十世紀』未来社、二〇一五年
（3）イラン・パペ（田浪亜央江＋早尾貴紀 訳）『パレスチナの民族浄化――イスラエル建国の暴力』法政大学出版局、二〇一七年
（4）川北稔『砂糖の世界史』岩波ジュニア新書、一九九六年
（5）岡真理『ガザに地下鉄が走る日』みすず書房、二〇一八年
（6）ヤコヴ・M・ラブキン（菅野賢治 訳）『トーラーの名において――シオニズムに対するユダヤ教の抵抗の歴史』平凡社、二〇一〇年
（7）Yakov Rabkin, Yaacov Yadgar, "On Political Tradition and Ideology: Russian Dimensions of Practical Zionism and Israeli Politics," *Nationalities Papers*: 1-18, 2023.
（8）武井彩佳『〈和解〉のリアルポリティクス――ドイツ人とユダヤ人』みすず書房、二〇一七年

おわりに

人文学の分野には世界のさまざまな地域の文学や思想の専門家がいて、そのような人たちと議論すると、ヨーロッパの歴史を専門に学んできた私とは、問題を考える出発点やすじ道が違うことがあって、自分の発想の狭さや知識の偏りに気づかされます。

本書の著者のひとり、岡真理さんは、アラブ文学・思想の研究がご専門です。岡さんの講演（第Ⅰ部）から多くのことを学んだ私は、厚かましいこととは思いつつ、自身の講義の原稿（第Ⅱ部）をお見せして、「チェックしてください」とお願いしました。すると、疑問点や修正の提案を赤字で詳しく書き添えた原稿が、驚くべき速さで戻ってきたのです。そのおかげで間違いに気づいたり、不適切な表現を直したりできた箇所がたくさんあって、岡さんには本当に感謝しています（それでもなお不正確な点や曖昧な表現が残っているとすれば、その責任はすべて私にあります）。

そのときに岡さんからいただいた赤字の書き込みのなかに、こんなコメントがありました。私の講義の最後のほうにでてくる引用文に「同じ経歴を辿り、同じ状況に置かれたならば自分も同じ行動に出るはずだ」という箇所（一二二頁）がありますが、「それ――この場合には民族浄化――をやるのか、やらないのか、自分もその状況に置かれているとしたら、そうしていたかもしれない」と考えるのと、「自分も同じ行動に出るはずだ」と考えるのとでは、天地の差がある、というご指摘でした。たしかに、これは微妙だけれども、重要な違いです。

歴史学は人文学と社会科学にまたがる分野で、過去の民族や国家を扱うときに、社会科学的な発想から、それらの集団や制度を構造やシステムとして捉えることがあります。「人間は、ある集団や制度のなかで、同じ状況に置かれたら同じ行動に出るはずだ」というのはシステム論的な発想にもとづく表現ですが、この考え方だけで人間の営みを捉えようとすると、そのような状況に直面したひとりひとりの主体的な判断や行動の違いが見えなくなってしまう危険性があります。この点に気づかせてくれた岡さんのコメントは私にとって貴重なものでしたが、引用を変えることはできませんでしたので、感謝の気持ちをこめて、ここで触れておきます。

集団からみるか個人からみるか、という視点の違いは、戦争犯罪の捉え方にもかかわる問題です。

ウクライナの戦争とガザの戦争はいまだ進行中ですが、そこで生じた残虐行為については、国際刑事裁判所による訴追や、国際司法裁判所への提訴が、すでにおこなわれています。これらの国際裁判所で問われている犯罪には、「ジェノサイド」と「人道に対する罪」が含まれます。

「ジェノサイド」とは「ある集団が、別の集団の殲滅を目的としておこなった殺戮行為」を指します。ある集団に属する人びとが、ひとりひとりの個人としての特性ゆえにではなく、その集団の一員であるがゆえに殺されるのが、ジェノサイドの特徴です。この場合には、加害者も被害者も、集団が想定されています。これに対して、「人道に対する罪」は、結果的に集団的な殺戮となった場合でも、個々人が殺害されたことに対する罪を問う、個人重視の立場にたっています。

国際司法で用いられるこれらふたつの概念は、第二次世界大戦中のドイツの戦争犯罪を裁くために、ふたりの国際法学者によってそれぞれ考案されました。「ジェノサイド」という概念をつくったのはラファエル・レムキン（一九〇〇～五九）、「人道に対する罪」を提案したのはハーシュ・ラウターパクト（一八九七～一九六〇）です。このふたりは、ほぼ同時代の中東欧で生まれ、ともに現在はウクライナの西部に位置する都市リヴィウの大学で法律を学びました。レムキンもラウターパクトもユダヤ系で、ホロコーストによって家族や親戚を失っています（このふたりの生涯については、フィリップ・サンズ（園部哲 訳）『ニュルンベルク合流――「ジェノサイド」と「人道に対する罪」の起源』白水社、二〇一八年を参照）。「ジェノサイド」と「人道に対する罪」は、戦争犯罪を集団からみるか個人からみるかという点に違いはありますが、ともに「流血地帯」の土壌から生まれた概念なのです。

ウクライナ戦争の戦場はかつての「流血地帯」のなかにあり、ガザで虐殺をおこなっているイスラエル国家が成立した歴史的背景にも「流血地帯」で生じた暴力的な状況がありました。そして、これらの戦争に対する裁きは、「流血地帯」での先例をふまえた概念を用いておこなわれようとしています。そう考えると、私たちの生きる世界は、今なお「流血地帯」から伸びる長く暗い影のもとにある、と言えるかもしれません。

二年前に刊行された『中学生から知りたいウクライナのこと』の「おわりに」で、私は、近世のポーランドの研究をする歴史学者が、ウクライナで現在進行中の問題についてこんなふうに語ってよいのか、というためらいについて書きました。今、この「おわりに」を書きながら、前回にもまして大きなためらいが自分のなかにあるのを感じます。岡真理さん、藤原辰史さんからまず学ぶ機会がなければ、私は、パレスチナの歴史と現在について学びつつ考え、このようなかたちで発言することはできませんでした。

本書のもとになるイベントを支援・企画し、出版への道筋をつけていただいた三島邦弘さんとミシマ社のみなさんに感謝いたします。全体のスケジュールに細やかな心配りをしながら編集を進めていただいた角智春さん、『中学生から知りたいウクライナのこと』に引き続いて装丁を担当していただいた寄藤文平さん、垣内晴さん、どうもありがとうございました。

本書のタイトルにある「中学生」については、私は、「現在、または、近い過去あるいは遠い過去に、日本語の本を読むための基礎的な教育を受けたことのあるすべての人」という意味だろうと、自分なりに定義しています。この本が、みなさんの歴史と現代の捉え方を考え直すきっかけとなれば、さいわいです。

二〇二四年五月

小山哲

本書成立の経緯

なぜ、この三人が一緒に本を書いたのだろうか、と思う方も多いと思います。パレスチナのことを専門家の見地から中学生に向けて語るのであれば、アラブ世界やイスラエルの歴史や現状にくわしい研究者がふさわしいのでは、と。たしかに、岡さんはずっとアラブ世界、とりわけパレスチナのことをたくさんの書籍やエッセイのなかで書いたり、朗読会や集会を開いたり、現地の発言を翻訳して発信したりしてきた研究者ですから、このタイトルにふさわしいことは一目瞭然《いちもくりょうぜん》です。もっといえば、本書の注にもあがっているような、パレスチナやイスラエルの歴史や現状の研究を重ねてきた優れた研究者たちこそが、中学生に対して、イスラエルの暴力の根源やその歴史的背景について整然と含蓄《がんちく》深い言葉をお話しになるでしょう。

ではなぜ、ポーランド史とドイツ史の研究者が加わっているのか。じつは、三人ともに「自由と平和のための京大有志の会」という安保法制と人文学の軽視を批判するために二〇一五年夏に結成された、教員、事務員、学生の会のメンバーであるという背景があります。私たちはそのメーリングリストを通じて、ロシアのウクライナ侵攻のときもイスラエルがガザを攻撃したときも、言葉を交わしてきました。小山さんはタイムリーにポーランド語のニュースを翻訳してメーリングリストに新しい情報を流しましたし（それがミシマ社の『中学生から知りたいウクライナのこと』へとつながる発端でした）、岡さんもことあるごとに、今パレスチナで起こっていることの構造を驚くべき密度の文章で指摘しました。また、三人とも、二〇一六年以来、京都大学の一年生向けのＩＬＡＳセミナー「来るべき民主主義と平和のかたち」の常連講師であり、私はそのオーガナイザーを務めることが多かった、というご縁もあります。ここでは、岡さんは二〇一六年からずっとガザのことを話してくださいました。それに影響を受けて、パレスチナの若者とつながり、いろんな活動をつづけている学生もいます。小山さんもこのセミナーでポーランドの収容所の話やウクライナの歴史について講義をされています。

「有志の会」のメーリングリストで岡さんが指摘されたのは、なぜウクライナで事件が起こるとこれだけ多くの人たちがロシアへの非難に加わるのに、パレスチナでのイスラエルの民族浄化に対してはここまで関心が低いのか、それは「ヨーロッパ人」と「アラブ人」をどこかで「分類」し、自分たちは前者の側であるという人種主義的なマインドが私たち研究者にもあるからではないか、人間は全然平等ではないではないか、ということでした。なんの罪もない子どもたちがまるで虫ケラのように殺されつづけている状況で人文学者たちから言葉も行動もなんにも出てこない。これは私たちの学問が死の宣告を受けたのも同然ではないか。こうした危機感から、岡さんが発案され、同じ有志の会のメンバーである駒込武さんが統括された「人文学の死」という集会が京都大学で開かれました。そこで、岡さんが問題提起の発表をし、私がドイツ現代史研究者としてドイツとイスラエルの関係史と向き合ったのが、本書の第Ⅰ部の内容です。この集会への反響はとても大きく、しばらくメールの量が倍増するほどでした。

本書で、小山さんと私が、これまでの自分たちの学問の営みをたびたび反省しているのは、以上の経緯があるからです。私たちは『中学生から知りたいウクライナのこと』を執筆し、予想をはるかに上回る読者と交流してきた一種の責任から、第Ⅱ部ではウクライナとパレスチナをともに歴史学的に考える試みをしましたが、私は準備のために関連する本や記事を読み漁りながら、これまでの自分の関心と知識の偏向を呪いました。

私たちは、学問をつうじて学生たちの思考や知識の鍛錬《たんれん》を助ける仕事をしていますが、他方で教える側もつねに知らないことだらけで、教師もまた発見、反省、鍛錬の日々です。そんなプロセスを中学生や中学生を教える先生にも知っていただければと思います。十代は、先生や親など大人たちの言うことに違和感や忌避《きひ》感が生じ、言語化されていくとても重要な年代です。力のあるものに対し批判の目をもち、その力の根源を分析することは、単に中学生の尊厳を守るだけではなく、世界から無視され、話題にもされず、ただ、大国にふみにじられている同世代の人びととの尊厳を感じ取ることにもつながるはずでしょう。

私が大学の講義で、ドイツ現代史について教えるときは、「あなたたちには想像できないでしょうけれど」と前置きして、ナチスによる、言論統制、プライベートの監視、学問の自由の破壊、障害者差別、人種主義、新聞雑誌の忖度《そんたく》、ヘイトクライム、占領地からの資源の奪取、捕虜の虐待、そして、ユダヤ人やスラヴ人の虐殺について説明してきましたが、この前置きは間違っていました。「今、起こっていることとよく似ていますが」と言うべきだった。パレスチナはイスラエルという国家によって、一九四八年から、水も土地も海も人間もずっと収奪され、傷つけられてきた。それは、ナチスが占領地域でおこなった蛮行と重なる部分も少なくありません。日本の言論や学問の状況も、たとえば、政府による、日本学術会議の人事への介入など、ナチスの時代かと思うような事件がたびたび起こっています。

この文章を書いているあいだにも、イスラエルによるガザの破壊、封鎖による飢餓政策は止まっていません。ナチスはユダヤ人を「害虫」として捉えることで大量虐殺の摩擦になる「良心の呵責《かしやく》」を軽減しようとしましたが、イスラエルの今の大量虐殺も、イスラエルがそのようにパレスチナの人びとを捉えていないと不可能ではないかと思うほど残虐きわまりない。想起すべきなのは、このように他民族を人間扱いしない考えが、日本の現代史にもずっとあったことです。中国人捕虜を「マルタ」と呼び人体実験に用いた七三一部隊の歴史に、京都大学がきちんと向き合っていないことや、中国東北部に住んでいた朝鮮人や中国人の農民の土地を二束三文で買って、放逐した歴史が「満洲国建国」という物語の背景に隠れたことをかんがみても、現代史は力あるものの感情を逆《さか》撫《な》でしないように書かれすぎてきたのではないか。

本書でこれまで三人が述べてきたとおり、歴史学の前提が大きく崩れていく感触を私は今もっています。世界史は書き直されなければならない。力を振るってきた側ではなく、力を振るわれてきた側の目線から書かれた世界史が存在しなかったことが、強国の横暴を拡大させたひとつの要因であるならば、現状に対する人文学者の責任もとても重いのです。

最後になりましたが、『中学生から知りたいウクライナのこと』につづいて、緊急出版を決断してくださったミシマ社の三島邦弘さんと、怒涛のスケジュールのなかでもたいへん丁寧な編集作業を怠らなかった角智春さんにお礼を申し上げたいと思います。

二〇二四年六月

藤原辰史

初　出

第Ⅰ部

公開セミナー「人文学の死――ガザのジェノサイドと近代五百年の
ヨーロッパの植民地主義」（2024年2月13日開催、京都大学）
基調講演1「ヨーロッパ問題としてのパレスチナ問題」（岡真理）
基調講演2「ドイツ現代史研究の取り返しのつかない過ち
――パレスチナ問題軽視の背景」（藤原辰史）
の内容を再構成し、加筆・修正をおこなっています。

・

第Ⅱ部

ミシマ社のオンラインイベントMSLive!「中学生から知りたいウクライナのこと
――侵攻から二年が経って」（2024年2月28日開催）
の内容を再構成し、加筆・修正をおこなっています。

・

第Ⅲ部

2024年4月10日にミシマ社で収録した鼎談（非公開）
の内容を再構成し、加筆・修正をおこなっています。

・

「はじめに」「おわりに」「本書成立の経緯」は書き下ろしです。

岡真理　おか・まり

1960年生まれ。早稲田大学文学学術院教授。専門は現代アラブ文学、パレスチナ問題。主な著書に『ガザとは何か』『記憶／物語』『彼女の「正しい」名前とは何か』『棗椰子の木陰で』『アラブ、祈りとしての文学』『ガザに地下鉄が走る日』。

小山哲　こやま・さとし

1961年生まれ。京都大学大学院文学研究科教授。専門は西洋史、特にポーランド史。主な著書・共編著に『中学生から知りたいウクライナのこと』『大学で学ぶ西洋史［近現代］』『人文学への接近法』。

藤原辰史　ふじはら・たつし

1976年生まれ。京都大学人文科学研究所准教授。専門は現代史、特に食と農の歴史。主な著書に『中学生から知りたいウクライナのこと』『縁食論』『カブラの冬』『トラクターの世界史』『ナチスのキッチン』『分解の哲学』。

中学生から知りたい
パレスチナのこと

2024年 7月23日　初版第1刷発行
2024年11月26日　初版第5刷発行

著　　者　岡真理・小山哲・藤原辰史

発 行 者　三島邦弘
発 行 所　(株)ミシマ社
〒152-0035　東京都目黒区自由が丘2-6-13
電話　03(3724)5616／FAX　03(3724)5618
e-mail　hatena@mishimasha.com
URL　http://www.mishimasha.com/
振替　00160-1-372976

装　　丁　寄藤文平・垣内晴(文平銀座)
地図作成　マップデザイン研究室
印刷・製本　(株)シナノ
組　　版　(有)エヴリ・シンク

ISBN 978-4-911226-06-3

好評既刊

となりのイスラム

世界の3人に1人がイスラム教徒になる時代

内藤正典

仲良くやっていきましょう。
テロや戦争を起こさないために、
大勢のイスラム教徒と共存するために、
これだけは知っておきたいこと。
現代イスラム地域を30年以上見つめてきた著者が、
抜群のわかりやすさで綴る一冊。

ISBN　978-4-903908-78-6　1600円（価格税別）

好評既刊

教えて! タリバンのこと
世界の見かたが変わる緊急講座

内藤正典

民主主義、自由、人権を、
戦闘機とともに運ぶのはもうやめよう。
水と油でも共に生きていくために。
9・11、相次ぐテロ事件、難民の急増、中東地域の対立……
この「暴力」と「分断」はどこから来たのか?

ISBN 978-4-909394-64-4 1700円(価格税別)